AI와 인간의 대화,
불가항력의 조건

인공지능총서

인공지능 시대입니다. 기계가 인간의 인지를 대신하고, 사물이 인간을 통하지 않고 다른 사물과 직접 커뮤니케이션합니다. 이에 따른 인간 삶과 문명 변화를 정확히 이해·예측·대응하는 것은 이 시대 우리 모두의 과제입니다. 인공지능총서는 인공지능 기술과 환경의 여러 주제를 10가지 키워드로 정리합니다. 관련 개념과 이론, 학계와 산업계의 쟁점, 우리 일상의 변화를 다룹니다. 인간과 기술의 현재, 미래를 세심히 분석합니다.

일러두기

- 인명, 작품명, 저서명, 개념어 등은 한글과 함께 괄호 안에 해당 국가의 원어를 병기했습니다.
- 외래어 표기는 현행 어문규정의 외래어표기법을 따랐습니다.

처음이세요?

전문가세요?

AI와 인간의 대화,
불가항력의 조건

이지용

ㅋ

대한민국, 서울, 커뮤니케이션북스, 2025

AI와 인간의 대화, 불가항력의 조건

지은이 이지용
펴낸이 박영률

초판 1쇄 펴낸날 2025년 5월 30일

커뮤니케이션북스(주)
출판 등록 2007년 8월 17일 제313-2007-000166호
02880 서울시 성북구 성북로 5-11
전화(02) 7474 001, 팩스(02) 736 5047
commbooks@commbooks.com
www.commbooks.com

ISBN 979-11-430-0152-8 03500

책값은 뒤표지에 표시되어 있습니다.

차례

인간과 AI, 대화의 새로운 패러다임

소통의 본능: AI와의 대화를 꿈꿔온 인간

인간과 동물의 경계를 언어 사용으로 나눌 수 있을까? 이에 대한 여러 가지 답변이 있겠지만, '언어 사용'이 다른 동물과 인간을 나누는 기준 가운데 하나라는 데에는 이견이 없을 것이다. 인간은 언어를 사용해 말을 할 수 있는 존재이자, 이를 통해 본능적으로 누군가와 대화하고 싶어 하는 존재다.

인간 삶의 흔적들인 신화, 소설, 영화 등에는 대화하고자 하는, 그리고 대화를 통해 무언가를 얻거나 해소하고자 하는 인간의 욕구가 잘 드러나 있다. 인간은 타인과의 소통을 당연하게 여기며, 사물이나 자연, 심지어 보이지 않는 가상의 대상과도 대화를 시도하면서 그 욕구를 드러내 왔다. 그리고 때로는 자기 자신과 분리된 또 다른 자아와 소통하려는 강렬한 열망을 보이기도 한다. 이를 통해 우리는, 인간에게 소통은 단순한 언어 행위 이상의 것으로, 인간 욕망의 근원적 표출에 해당한다는 사실을 알 수 있다.

현대 사회에서 우리의 이러한 욕망은 AI에게로 향하고 있다. AI를 하나의 존재로 인식하면서 그와 대화할 수 있는 가능성을 상상하고, 이를 실현하기 위해 부단히도 노력하고 있는 것이다. AI는 인간이 만들어 낸 존재이기에 AI와의 대화에는 소통에 대한, 그리고 궁극적으로는 이를 통해 무언가를 해결하고자 하는 인간의 욕망이 투영되어 있다. 이처럼, 심지어 대화를 주고받을 수 있는 타인이 존재하지 않는 상황에서도 인간은 '대화적 상호작용'을 실현하고자 끊임없이 시도해 왔다.

영화 〈캐스트 어웨이(Cast Away)〉(2000)는 이러한 인간의 소통 욕구를 단적으로 보여 주고 있다. 비행기 사고로 무인도에 고립된 이 영화의 주인공은 배구공에 얼굴을 그려 넣는다. 그리고 이를 의인화해 '윌슨'이라는 이름을 지어 주고, 그를 친구로 삼는다. 상상 속에서 이루어진 '윌슨'과의 생동감 있는 대화는, 실제로는 일방적 대화였음에도 불구하고 주인공 척 놀랜드를 고독으로부터 구원해 준다. 이를 통해 우리는 '대화'라는 것이 고독을 극복할 수 있는 행위임과 동시에 인간의 사회적 본능과도 깊은 관계가 있음을 알 수 있다. 즉 대화라는 행위를 통해 인간은 심리적 안정과 관계 형성을 추구하며, 생존을 지탱하는 근본적 힘까지 얻게 된다.

인간의 이러한 소통에 대한 욕구는 신화에도 등장한다. 피그말리온(Pygmalion)과 갈라테이아(Galatea) 신화는 소통에 대한 인간의 갈망이 얼마나 깊은지를 극명하게 보여 주고 있다. 조각가인 피그말리온은 자신의 이상형을 담은 조각상에게 갈라테이아라는 이름을 붙여 주고, 그녀와 대화를 나누며 고독을 달랜다. 그리고 마침내 그의 간절한 바람에 대한 신들의 은총으로, 생명이 없던 조각상이 살아 움직이게 되면서 그의 염원은 이루어진다. 이 신화 역시, 상상력을 발휘해서라도 무생물과의 대화를 실현하고 싶어 하는 인간의 근원적 욕망을 보여 줌으로써, 대화와 교감을 통한 소통이 인간이 가지고 있는 본질적 욕구와 깊이 연결되어 있음을 드러내고 있다.

한편 또 다른 신화에서는 소통의 단절이 초래하는 인간의 고통을 엿볼 수 있다. 바로 나르키소스(Narcissus)와 에코(Echo) 신화다. 나르키소스를 사랑하지만 자신의 의지로는 말할 수 없고 그저 타인의 말만 반복할 수밖에 없는 처지인 에코를 통해, 스스로의 감정을 표현하지 못하는 것이 얼마나 비극적인지를 보여 주고 있다. 이 신화는 대화가 단절되었을 때 인간이 겪는 고통의 서사를 가지고 있는데, 이는 제한적이고 일방적인 소통으로 한계가 있었던 초기 챗봇이나 AI 스피커와의 대화를 연상시키기도 한다. 언어를 표면적으로 주고받는 행위만으로는 대화가 완성되지 않으며, 공감이 결합된 상호작용을 통해 관계를 형성하고 감정을 나눌 때에야 비로소 소통에 대한 인간의 욕구가 해소될 수 있음을 말해 준다.

현대에 이르러 이와 같은 인간의 소통 욕구는, 영화 〈그녀(Her)〉(2013)에서와 같이 AI와 인간의 대화에 대한 새로운 가능성으로 나타나고 있다. 이 영화의 주인공 테오도르는 개인 비서 역할을 수행하는 AI 챗봇 시스템 '사만다'와, 인간과 대화를 나누는 것처럼 소통한다. 사만다는 질문에 답하거나 정보를 제공하는 단편적 역할에만 그치지 않고, 테오도르의 감정을 이해하고 위로하며 또 다른 부분의 관계를 형성한다. 사만다와의 정서적 교감을 통해 테오도르는 자신의 고독과 내면적 갈등까지 해소하는 수준의 깊은 관계를 기대하게 된 것이다.

이 영화는 AI와 인간 간 대화가 정보 교환 외에도 정서적 연결과 공감으로 이어질 수 있다는 인간의 상상력을 구체화해 보여 줌으로써 "AI와의 대화란 무엇인가?"라는 질문에 대한 근본적인 고민을 던지고 있다. AI 기술이 하루가 다르게 발전하고 있는 지금, 하나의 관점으로는 이에 대한 명쾌한 답변을 내리기 어려운 것이 사실이다. 그렇지만 우리는 이 시대를 살아가기 위해 이 변화들을 지속적으로 추적하며, 이 변화가 초래하는 결과에 대해 끊임없이 고민해야 할 필요가 있다. 이러한 필요에서 이 책에서는 'AI와의 대화'에 대한 다양한 생각들을 나누고자 한다.

대화의 확장: AI와의 상호작용이 변화시킨 것들

"대화란 무엇인가?" 대화의 사전적 정의는 "마주 대하여 이야기를 주고받음. 또는 그 이야기"로 간단히 설명된다(표준국어대사전). 이 정의는 대화가 성립되기 위한 최소한의 조건을 제시한다. 화자와 청자라는 두 주체가 존재하고, 그들 간에 의미 있는 이야기가 언어적 방식으로 교환되어야 한다는 것이다. 지금까지 우리에게 화자와 청자는 인간(또는 인간의 상상 속 상대)만 가능하다는 암묵적 합의가 있어 왔다. 그러나 갈수록 복잡해지는 사회에서 이와 같은 암묵적 합의는 더 이상 대화가 지니는 복합성과 본질적 기능을 설명하지 못하게 되었다.

슈츠(Schutz, 1967)는 상호작용을 통해 공유된 세계를 창출하고 관계를 형성하는 중요한 행위로 사회적 행위(Social Acts)를 주목했다. 그의 견해에 비추어 볼 때 언어는 타인과 의미를 공유하고 관계를 맺는 데서 필수적 정보이며, 대화는 그러한 기본적인 행위들 가운데 가장 대표적이고 중요한 형태 중 하나라 하겠다. 하버마스(Habermas, 1984)는 합의에 도달하기 위한 상호작용으로 의사소통 행위를 규정하고, 이것이 사회적 협력과 소통의 기반이 된다고 설명한다. 이는 상호작용하는 주체들이 언어를 매개로 이해에 도달하고 합의를 형성함으로써 자신들의 행위를 조정하는 과정을 일컫는 것으로, 대화는 이와 같은 상호작용의 전형적인 예로 볼 수 있다. 이처럼 슈츠와 하버마스는 인간의 대화 행위가 지니는 사회적 기능을 부각해 대화의 본유적 가치를 강조했다.

한편 그라이스(Grice, 1975)의 협동의 원리에서는 이러한 대화가 원활히 이루어지는 이유에 대해 설명하고 있다. 협동의 원리에 따르면 화자와 청자는 대화가 성공적으로 이루어지기 위해 암묵적으로 협력하며, 대화 속에서 서로의 의도를 해석하고 답한다. 이는 대화가 단순한 언어적 행위에만 국한되지 않는, 인간이 본능적으로 행하는 사회적 행위임을 보여 준다. 바흐친(Bakhtin, 1981) 역시 대화를 사람들 사이의 긴밀한 상호작용으로 보고, 발화와 응답의 과정을 통해 자아와 타자가 연결된다고 보고 있다. 여기서 핵심은 서로를 타자로 인식하며 응답성을 실현하는 공간 속에서 대화가 수행된다는 점이다. 바흐친은 자아가 세계를 능동적으로 이해하고 타자와 함께 새로운 의미를 창출하는 행위로서의 대화를 강조하고 있다.

결국 대화란 인간이 타자와의 관계를 바탕으로 자신의 존재를 확인하고, 소통을 통해 사유를 확장하며, 세계와의 접점을 만들어 내는 과정이라 할 수 있다. 전통적으로 대화는 인간의 고유한 행위로 간주되었다. 하지만 AI와의 대화가 현실화되면서, 대화의 개념은 그 경계를 점차 넓혀 가고 있다. 이러한 변화는 '대화의 상대'에 대한 전제에 다음과 같은 질문을 던지게 한다. "타자는 반드시 인간이어야 할까?" 생성형 AI와의 대화는 기계적인 명령에 따른 반응이 아니라 화자와 청자로서 AI를 대화 주체로 설정하는 새로운 형태의 상호작용을 가능하게 하고 있다. 즉 인간이 아닌 실제적인 새로운 타자가 등장한 것이다. 이는 AI를 인간과 대등한 위치에 있는 유사 종족으로 개념화하며, 기존 대화 개념을 재구성하도록 우리에게 요구하고 있다.

AI와의 대화를 기존 인간 간 대화 개념과 비교해 보면, 다음과 같은 대화 성립의 조건에 대한 근본적인 질문이 필요하다.

첫째, 인간과 같이 응답성을 가진 화자 또는 청자로서

AI를 대화의 주체로 볼 수 있는가?

둘째, AI와의 대화에서 관계 형성이 가능한가?

셋째, AI와의 상호작용은 의미 교환이라는 대화의 본질을 충족하는가?

이 질문들을 검토하는 과정에서, 우리는 AI와 인간 대화가 전통적 대화 개념의 모사에 그치지 않고 새로운 형태로 확장되고 있음을 알게 될 것이다. 예를 들어 인간이 아님에도 생성형 AI는 언어적 맥락을 이해하며, 인간과 상호작용하고, 특정 목적의 의미 교환을 위한 대화를 수행함으로써, 대화의 새로운 차원을 열었다. 그러나 이때 AI는 인간과 같은 온전한 주체라기보다 유사 주체적인(Pseudo-agentive) 비자율적 대화 행위자라 할 수 있다. 이러한 대화 행위자의 변화로, '대화'는 전통적인 개념을 기반으로 하되, 주체와 상호작용 방식의 변화에 따라 그 개념적 외연을 넓혀 가고 있다.

이처럼 AI와의 대화가 가능해지면서 대화의 개념에도 변화가 발생했다. 이전에는 대화가 인간 간의 상호작용으로 한정되었지만, 이제는 AI가 대화 행위자로 참여하게 되면서 현실에서 작동하는 실재적(實在的) 비인간 존재와의 소통도 포함하게 되었다. AI는 인간과 유사한 수준으로 언어를 구사할 수 있으며, 정보 제공, 감정적 교류, 문제 해결 등 인간이 대화로 수행하는 여러 기능을 기술적으로 구현하고 있다. 이에 따라 인간 중심의 전통적 대화 개념에서 벗어나, 인간과 AI가 함께 참여하는 확장된 대화 모델이 새롭게 등장하고 있다. 이는 기존 대화의 개념을 확장하는 동시에, AI와 인간 간의 새로운 소통 방식이 형성되고 있음을 의미한다.

이러한 변화와 함께 새로운 윤리적 문제점이 대두되고 있다. AI가 제공하는 정보가 항상 정확한 것은 아니며, 편향된 데이터로 왜곡된 응답을 생성함으로써 인간의 사고에 그릇된 영향을 끼칠 수 있다는 것이다. 또한 AI와의 대화를 인간과의 관계로 착각해 AI에게 감정적으로 과잉 의존하는 현상도 발생할 가능성이 있다. 이뿐만 아니라 AI와의 대화 과정에서 개인정보가 수집되고 분석되면서 프라이버시 보호와 보안에 대한 문제도 중요해지고 있다. AI와의 대화가 가능해졌다는 사실은 이제 기술적 차원을 넘어 인간의 심리적 · 사회적 차원에서도 신중한 논의가 필요해졌음을 의미한다.

이처럼 본격적으로 AI와의 대화가 가능해지면서, 대화의 개념은 재구성되고 있다. 특히 생성형 AI의 등장으로 인간과 AI 사이 새로운 소통 양상이 구현되고 있는데, AI와의 대화라는 사건은 지금까지 존재했던 대화 개념의 외연을 확장하는 동시에, 보다 근본적인 "인간에게 대화가 무엇이며, 대화가 왜 필요한가?"라는 질문으로 돌아가 소통의 본질을 다시 숙고하도록 독려하고 있다.

생성형 AI와의 대화: 가능성과 도전

챗지피티(ChatGPT)로 대표되는 생성형 AI의 가장 큰 특징은 그동안 지지부진했던 AI와의 대화 가능성을 현실 세계로 성큼 들여왔다는 점이다. 이를 두고 '검색의 시대에서 대화의 시대로의 전환'이라고 일컫는데, 이는 우리 사회의 기술적 패러다임이 변화했음을 의미한다. 생성형 AI가 지니는 가장 큰 특징은 인간의 자연어로 구동된다는 것이다. 또한 맥락을 이해해 대화를 이어 갈 수 있다는 점과, 관련 정보를 나열해 주는 방식이 아니라 완성된 형태의 텍스트를 출력한다는 것도 차별화된 주요 특징이다. 이전에는 검색어를 입력하면 관련 정보가 나열되었기에 어떤 검색어를 입력하느냐, 제공된 정보 중에 어떤 것을 선택해서 필요한 정보를 구성하느냐가 중요했다. 그러나 이제는 AI가 인간과 대화를 주고받으며 맞춤형 정보를 구성해 주는 시대가 열린 것이다. 바로 AI와의 '대화'가 중요한 역할을 하는 시대로 빠르게 전환되고 있다.

이처럼 AI와의 대화는 정보 접근 방식의 측면에서 혁신적일 뿐 아니라, 인간의 사고와 대화 방식의 측면에서도 새로운 가능성을 제공하고 있다. 과거의 챗봇은 정해진 방식과 제한된 언어만을 중심으로 작동되었지만, 생성형 AI는 인간의 언어적 맥락과 의도를 보다 능동적으로 이해하고 새로운 말을 생성해 응답한다. 생성형 AI는 마치 자아를 가진 존재처럼 느껴질 정도로 인간과의 자연스러운 대화가 가능한 것처럼 보이는데, 이는 대화의 경계를 확장하는 중요한 계기를 마련하고 있다.

따라서 AI와 대화가 가능하다는 것은 단순히 기술적 혁신을 실현했다는 표현만으로는 그 의미를 충분히 담아낼 수 없으며, 다음과 같이 파생되는 여러 질문들에 대한 답을 찾아야 비로소 그것이 함의하는 바를 파악할 수 있게 된다.

AI와의 대화가 의미하는 것은 무엇인가?

AI와 대화하는 행위는 전통적인 대화와 비교해 어떻게 다른가?

AI와의 대화에서 인간의 역할은 축소된 것일까, 새로운 가능성을 부여받은 것일까?

AI와의 대화는 인간 대화와 동일할 수 있을까, 아니면 완전히 다른 새로운 유형의 소통 방식으로 이해해야 할까?

이러한 질문을 구체적으로 탐구하기 위해 다음과 같은 네 가지 주요 영역에 대해 고민해 보고자 한다.

AI와 인간 대화의 역사

AI와의 대화는 어떻게 발전해 왔는가? 초기의 규칙 기반 챗봇 시스템에서부터 신경망 기반의 생성형 AI에 이르기까지, AI 대화 기술의 발전 과정에 따른 인간과 AI의 상호작용이 어떻게 변화해 왔는지 살펴본다.

대화의 재구성: AI와 인간 대화의 본질 비교

AI와 인간의 대화는 근본적으로 어떻게 다른가? 인간은 감정을 가지고 맥락을 이해하며, 말 속에 의도를 담아 대화한다. 반면 AI는 인간과 같은 방식으로 사고하는 것이 아니며, 확률 기반 모델을 활용해 통계적으로 적절한 응답을 생성해 대화를 수행한다. 표면적으로 인간과 AI의 대화가 인간 대화와 유사해 보일지라도 AI가 대화의 주체인지, 혹은 도구에 불과한지에 대한 논의는 여전히 진행 중이다.

인간 대화는 어떤 식으로 구조화되어 있는가? 대표적으로 대화 흐름을 조율하는 순서 교대와 인접쌍, 그리고 말의 기능과 관계된 화행 등의 요소가 화자와 청자 사이 암묵적 합의에 의해 자연스럽게 대화를 구성한다. 그러나 AI는 이러한 대화의 구조를 인간 대화와 완전히 동일하게 구현하지 않고, 인간 대화와 구별되도록 설계되어 있다.

이와 같이 인간의 전통적인 대화와 새로운 유형인 인간과 AI와의 대화 특성을 비교해, AI가 인간과 유사한 지위의 대화 주체로 간주될 수 있는지 그 역할에 대해 고민해 보고, 대화의 주요 구성 요소인 언어적 및 비언어적 요소, 화행, 순서 교대 등이 AI와의 대화에서는 어떻게 작동하는지를 비교해 보고자 한다.

대화의 본질에서 혁신으로: AI 시대의 소통 변화

인간과 AI와의 대화라는 새로운 유형의 대화 형태는 소통을 어떻게 혁신하고 있는가? 이제 AI는 자동 응답 시스템과 같은 단순한 응답형 메시지나 정보의 매개체로만 작동하지 않는다. 생성형 AI 시대, '인간과 AI의 대화'는 전통적인 대화의 기능과 함께 새로운 기능과 역할을 수행하고 있다. 이제 AI는 일차적인 정보 교환을 넘어 공감적 소통, 과업 수행, 그리고 문화 간 이해와 인간의 사고를 확장하는 역할까지 맡게 되었다.

인간과 AI가 자연스럽게 소통하기 위해서는 AI가 감정을 이해해야 한다. 그러나 AI는 인간처럼 감정을 실제로 경험하거나 느끼지는 못한다. 대신 감정을 시뮬레이션하는 방식으로 인간의 반응을 부분적으로 재현함으로써 공감하는 듯한 대화 행위를 구성한다. 이는 인간과의 감정적 교류에서 새로운 가능성과 한계를 동시에 드러내지만, 이러한 AI의 공감적 응답은 대화를 통한 인간의 정서적 소통 욕구를 일정 부분 충족할 수 있다.

또한 AI는 이제 인간의 일상적인 과업 수행을 돕는 조력자이자 협업 파트너 역할을 수행하게 되었다. 대화를 통해 보다 효율적으로 문제 해결 작업을 수행하며 인간의 생산성을 증강시키는 역할을 하고 있는 것이다. 이뿐만 아니라 AI 기반 통번역 기술과 상호 문화적 대화 시스템은 언어 장벽을 허물고 타 문화에 대한 이해의 폭을 넓히는 데 기여한다. 특히 생성형 AI와의 대화가 자연스럽게 구동됨에 따라 통번역 기술의 활용이 용이해졌고, 타 문화의 사고방식과 표현 방식을 깊이 경험할 수 있는 환경이 조성되고 있다.

이상의 내용을 바탕으로 AI와의 대화가 인간의 소통과 과업 수행 방식에 가져온 변화를 심도 있게 다루며, AI가 수행하는 역할과 한계, 그리고 여기에서 파생되는 윤리적 도전 과제에 대해 함께 논의하고자 한다.

대화의 진화: AI와의 소통으로 열리는 가능성과 도전

AI와의 대화를 통해 강조되는 새로운 가치는 무엇인가? 이에 대해 메타 인지적 사고, AI 리터러시, 인간성 성찰 등의 개념과 관련하여 살펴보겠다.

생성형 AI와의 대화에서 우리는 즉각적이고 심도 있는 답변을 제공받음으로써 새로운 관점에 쉽게 접근할 수 있게 되며, 이를 통해 우리 자신의 사고를 점검하고 확장할 기회를 얻게 된다. 이와 같은 AI와의 대화를 반복하는 과정에서 우리는 자신의 사고방식을 성찰하고 조정하는 능력을 키워 메타 인지적 역량을 강화하게 된다. 이는 AI 리터러시와도 관계되는데, AI 리터러시란 AI를 잘 활용하기 위해서 AI가 어떻게 작동하는지를 이해하고, 생성된 정보의 신뢰성을 평가하며 비판적으로 검토하는 역량을 일컫는다. 한편 AI와의 대화를 통해서 우리는 인간 사회에 내재해 있는 가치관과 편향된 사고관을 스스로 돌아볼 기회를 얻기도 한다. 인간이 무의식적으로 가지고 있는 편견이나 사고방식은 AI에 그대로 투영되어 나타날 수 있기 때문이다.

이와 같이 AI와의 대화로 '대화'의 개념이 확장됨에 따라 새롭게 열리고 있는 가치 영역에 대한 이야기를 나누고자 한다. 이제는 자신의 사고 과정을 인식하고 조절할 수 있는 메타 인지적 능력을 수반하는 AI 리터러시 역량과, AI가 반영하거나 강화하는 인간의 모습을 성찰할 수 있는 비판적 통찰력이 요구되는 시대다. 이처럼 인간과 공진화하고 있는 AI, 그 AI와의 대화가 부여하는 새로운 가능성에 대해 탐색해 보려고 한다.

이 책에서는 이러한 구성을 통해 AI와의 대화가 가져온 사회적 · 철학적 함의를 이해하고, 인간과 AI 간의 대화가 앞으로 어떠한 가치를 창출할 수 있을지 탐구할 것이다.

생성형 AI 시대, AI와의 대화는 새로운 소통 방식일 뿐만 아니라 인간과 AI가 공진화하며 함께 미래를 열어 가는 과정이다. AI와 인간의 대화는 전통적 대화 모델을 넘어 인간과 AI가 상호 보완적으로 협력하며 진화하는 '증강적 대화 모델'로 나아가고 있는 것이다. 이를 통해 우리는 대화의 본질을 재발견하고, 인간 존재의 의미를 더욱 깊이 탐구할 수 있을 것이다. 이것이 생성형 AI 시대, 불가항력적 조건이 된 AI와의 대화가 우리에게 보여 주는 새로운 가능성의 길이다.

참고문헌

김종우 · 김동재(2023). '인간 같은 인공지능' 연구의 새 방향: 다층위적 해석학의 필요성을 경유하여. ≪인공지능인문학연구≫, 15, 65-102.

윤석민(2007). 『커뮤니케이션의 이해』. 커뮤니케이션북스.

이선영(2019). 인공지능과 인간의 대화 가능성에 대한 쟁점. ≪국어교육≫, 167, 61-87.

이재기(2016). 바흐친의 대화주의와 읽기 교육. ≪동남어문논집≫, 41, 39-68.

이지용(2023). 인공지능 시대, 대화의 개념과 인식 양상에 대한 고찰. ≪어문론집≫, 96, 417-441.

이찬규 외(2024). 『인공지능 관계소통학: 인공지능 시대 새로운 패러다임』. 태학사.

정승화(1998). 대화 개념에 관한 고찰. ≪人文論叢≫, 5, 89-101.

천현순(2022). 인간, 인공지능 그리고 사랑: SF 영화에 재현된 인간과 인공지능의 관계를 중심으로. ≪브레히트와 연대연극≫, 47, 79-100.

표준국어대사전. https://stdict.korean.go.kr/search/searchDetailWords.do

피에르 그리말(1990). 최애리 외 옮김(2003). 『그리스 로마 신화사전』. 열린책들.

Bakhtin, M. M.(1981). *The dialogic imagination: Four essays* (M. Holquist, Ed.; C. Emerson & M. Holquist, Trans.). Austin: University of Texas Press.

Grice, H. P.(1975). Logic and conversation. In P. Cole & J. L. Morgan (Eds.), *Syntax and semantics: Vol. 3. Speech acts* (pp. 41-58). Academic Press.

Habermas, J.(1984). *The theory of communicative action: Reason*

and the rationalization of society (Vol. 1, T. McCarthy, Trans.). Beacon Press.
Schutz, A.(1967). *The phenomenology of the social world.* Northwestern University Press.

01
AI와 인간 대화의 진화

AI와 인간의 대화는 규칙 기반 패턴 매칭에서 시작해서 맥락을 이해하고 연속적인 상호작용을 수행하는 생성형 AI로 진화해 나가며 대화의 개념과 기능을 재구성하고 있다.

AI 대화 기술의 시작과 한계

대화 인식 및 자연어 처리 기술(NLP, Natural Language Processing)은 인간의 언어를 컴퓨터가 이해하고 생성하며 상호작용할 수 있도록 만드는 핵심적인 영역이다. 초기 단계라 할 수 있는 1950~1980년대의 시스템은 구조화된 패턴 매칭 및 규칙 기반 알고리즘에 의존했다. 컴퓨터가 언어를 처리하도록 하기 위해 수작업으로 정의된 문법 규칙과 어휘 데이터를 활용했다. 그러나 이는 단순한 문법 규칙에 의존했기 때문에, 실제적이고 복잡한 양상의 대화나 문맥을 처리하는 데에는 한계가 있었다.

MIT의 조지프 와이젠바움(Joseph Weizenbaum)이 1966년에 개발한 일라이자(ELIZA)는 최초의 규칙 기반 대화형 챗봇 시스템이다. 일라이자는 입력된 문장을 특정 패턴과 비교해 미리 정해진 규칙에 따라 응답을 생성했다. 일라이자는 심리치료사의 역할을 수행했는데, 사용자가 입력한 텍스트를 질문으로 다시 되묻는 방식을 사용했다. 예를 들어 사용자가 "Men are all alike"라고 입력하면 일라이자는 "In what way?"라고 응답했으며, 이어서 사용자가 "They're always bugging us about something or other"라고 입력하면 "Can you think of a specific example?"이라고 답변해 사용자의 진술을 기반으로 추가 질문을 제시하는 방식으로 대화를 진행했다(Weizenbaum, , 1966). 그러나 이는 일라이자가 실제로 문맥을 이해했다기보다는 단순한 패턴 인식에 의존한 결과였다. 즉 사용자의 말을 이해하고 대화를 확장한 것이 아니라 특정 키워드를 감지해 사전에 정의된 템플릿에 따라 반응한 것에 불과하다.

이처럼 일라이자는 복잡한 대화를 처리하지 못했지만, 당시로서는 컴퓨터와의 대화 가능성을 보여 주는 획기적인 일이었다. 이는 많은 사용자들이 일라이자와의 대화를 통해 기계가 실제로 이해한다고 착각할 정도로 설득력이 있었다. 유사한 시기에 제시된 패리(PARRY) 역시 감정적 표현을 흉내 내는 규칙 기반 접근을 통해 대화의 현실감을 높이려 했지만, 여전히 언어 이해보다는 기호 처리에 머물렀다. 이와 같이 초기의 대화형 챗봇 시스템은 기능적으로 제한적이었고, 복잡한 대화를 처리할 수 없었다. 그래도 일라이자와 같은 초기 대화 시스템은 컴퓨터와의 대화라는 가능성을 열어 주며 이후 AI 기술 발전의 토대가 되었다.

그러나 일라이자 개발자인 와이젠바움은 일라이자가 단순한 기호 조작에 불과하다고 강조하며, 인간-기계 간 상호작용에 대해 비판적인 시각을 제시하기도 했다.

즉 사용자가 느낀 '이해받고 있다'는 감각은 실제 이해가 아니라 알고리즘적 반응에 불과한 것으로, 이는 존 설(John Searle)의 중국어방 실험에서 제기된 문제와도 맞닿아 있다. 1980년대에 발표된 존 설의 중국어방 실험은, 기계가 수행하는 작업은 표면적 상호작용이라는 사실을 강조한다. 이 실험은 기계가 규칙에 따라 기호를 조작할 수 있다고 해서 이것이 언어를 이해하는 것은 아니라는 점을 주장한다. 중국어방 논증은 기계가 생각할 수 있다는 앨런 튜링(Alan Turing)의 주장뿐만 아니라, 일라이자와 같은 초기 AI 시스템을 비롯해 현대에 이르기까지 AI와 인간 간 상호작용의 본질에 대한 철학적 논쟁을 촉발하는 데 중요한 역할을 해 왔다.

생성형 AI의 특성: 대화

초기 규칙 기반 시스템에서 오늘날의 심층 학습 기반 시스템으로 기술이 발전하며, AI 대화 시스템은 비약적인 발전을 이루었다. 1990년대 후반부터 자연어 처리에서 기계 학습(Machine Learning)이 본격적으로 활용되기 시작했으며, 2000년대 초반에는 대규모 데이터를 기반으로 하는 언어 패턴 학습에 기술의 초점이 맞춰졌다. 특히 통계 기반 접근법(Statistics-based Approach)과 지도 학습 알고리듬(Supervised Learning Algorithm)은 이 시기의 자연어 처리 기술 발전을 주도했는데, 이러한 발전은 대화 시스템을 포함한 여러 응용 분야에서 기술적 발전의 토대를 마련한 것이었다. 이후 2010년대에는 딥러닝(Deep Learning)의 등장으로 자연어 처리 기술이 획기적으로 발전했다. 신경망 모델은 복잡한 언어 패턴을 학습할 수 있었으며, 이는 보다 정교한 대화형 AI 시스템의 구현을 가능하게 했다.

이러한 발전 과정에서 2011년 시리(Siri)와 2012년 구글 나우(Google Now)와 같은 대화형 AI 비서가 등장했는데, 음성 인식 기술과 결합한 AI는 사용자의 질문에 답하거나 명령을 실행하는 등 일상생활 속 상호작용의 수단이 되었다. 그리고 이어서 2017년에는 AI 대화 시스템의 혁신적인 도약을 이끌게 되는 구글(Google)의 트랜스포머(Transformer) 모델이 발표되었다. 이 모델은 병렬 처리를 통해 효율적으로 학습함으로써 긴 문맥도 처리할 수 있는 우수한 성능을 보여 주었다. 이러한 기술 덕분에 대규모 데이터 기반의 사전 학습(Pre-training)이 가능해졌으며, 마침내 이를 바탕으로 자연스러운 문맥 이해와 언어 생성 능력을 갖춘 시스템들이 개발되기에 이르렀다.

2022년에 등장해 현재까지 급속도로 기술 발전을 보여 주고 있는 챗지피티와 같은 생성형 AI는 이러한 기술적 발전의 집약체로, 대규모 언어 데이터를 학습해 인간과 자연스럽게 소통할 수 있는데, 말하자면 인간과 유사한 수준의 대화를 경험하게 한다. 단순히 정보를 제공하거나 명령을 실행하는 데 그친 초기의 AI 시스템과 비교해 볼 때, 생성형 AI는 질문의 의도를 파악해 맥락에 적합한 창의적이고 유연한 응답을 생성할 뿐 아니라 이전의 대화를 기억하며 일관되고 자연스럽게 대화를 이어나갈 수도 있다.

바야흐로 인간과 기계 간 소통의 새로운 패러다임이 도래한 것이다. 과거의 규칙 기반 AI와의 대화 시스템은 미리 정해진 템플릿에 따라 작동하는 도구적 역할에 머물렀으나, 생성형 AI는 맥락을 이해하고 감정적 교감을 가능하게 함으로써 AI와의 대화를 기능적 상호작용에서 '개인적 경험'으로 전환시켰다고 할 수 있다. 이는 본질적으로 인간만 가능하다고 여겨졌던 '대화'의 개념을 새롭게 정의하는 것으로, 생성형 AI의 등장으로 '대화'는 이제 그 형식과 본질 모두에서 변화를 맞이하고 있다.

그렇다면 생성형 AI와의 대화에서 가장 두드러진 변화는 무엇일까? 앞서 언급했듯이 그것은 바로 대화의 맥락 이해와 연속성이라 할 수 있다. 초기 AI 시스템은 개별적인 질문과 답변의 조합인 싱글 턴(Single-Turn) 방식으로 대화가 제한되었지만, 생성형 AI는 대화의 흐름과 맥락을 고려한 멀티 턴(Multi-Turn) 방식을 기반으로 응답을 생성한다. 이를테면 생성형 AI는 사용자가 이전에 언급했던 내용을 기억해 이를 바탕으로 새로운 질문에 답하거나, 사용자의 의도를 파악해 더 적합한 응답을 제공할 수 있다는 것이다. 이것은 과거 시스템에서는 가까운 미래에는 실현되기 어려울 것으로 여겨졌던, 상상 속에서만 존재했던 일이다. 이와 같은 대화 방식의 질적 도약으로 인해 AI와 인간 간의 상호작용은 더욱 자연스럽고 유의미한 수준으로 정교화되고 있다.

여기서 또 한 가지 주목할 부분은 생성형 AI가 체계적이고 다층적인 응답을 만들어 낼 수 있다는 점인데, 이러한 특성은 인간으로 하여금 깊이 있는 사고를 할 수 있도록 유도하기도 한다. 물론 사용자의 적극적인 태도가 필요한 부분이지만, AI가 제공하는 다양한 관점의 새로운 아이디어를 통해 논점을 정리하고, 대화의 흐름을 조정하는 과정에서 인간의 사고가 확장될 수 있다는 것이다. 예컨대 사용자가 특정 주제에 대해 질문하는 경우, AI는 해당 주제를 다각도로 분석해 답변을 생성해 준다. 이 답변을 바탕으로 사용자는 다시 새로운 질문을 떠올려 대화를 주고받을 수 있는데, 바로 이러한 상호작용 과정에서 인간의 사고가 심화되고, 정밀화되며, 새로운 영감을 얻을 수 있는 기회가 마련될 수 있겠다.

대화의 개인화된 맥락 또한 생성형 AI의 중요한 특징 중 하나인데, AI는 이를 통해 마침내 사용자 개인의 맞춤형 '대화 상대'로서 자리 잡게 되었다. 사용자의 관심사와 대화 맥락에 적응한 생성형 AI는 개인화된 응답을 제공할 수 있다. 이러한 개인화된 접근은 AI와 인간과의 대화에서 더욱 친근하고 인간적인 상호작용을 가능하게 하며, 사용자로 하여금 AI를 사물화된 도구가 아닌 동반자 또는 인격체로 인식하도록 만든다.

이처럼 생성형 AI는 인간과 AI와의 의미 있는 상호작용 속에서 대화의 개념과 기능을 새롭게 재구성해 나가고 있다. AI와의 대화는 이제 정보를 교환하는 일차적 수단에서 벗어나, 새로운 가치를 창출하고 인간의 사고와 표현을 확장하는 데 기여하고 있는 것이다. 앞으로도 인간과 AI의 관계를 한층 더 유의미하게 변화시킬 생성형 AI 기반의 대화 시스템 은 인간과 더욱 유사해지거나, 혹은 인간을 넘어서는 방향으로 계속해서 진화해 나갈 것이다.

참고문헌

김대식(2019). 『김대식의 인간 vs 기계』. 도서출판동아시아.

박상언(2021). 딥러닝 중심의 자연어 처리 기술 현황 분석. ≪한국빅데이터학회 학회지≫, 6(1), 63-81.

윤여범 · 박미애(2020). 인공지능과 초등영어교육: 챗봇의 현황과 발전 방향을 중심으로. ≪한국초등교육≫, 31, 77-90.

한만휘 외(2015). 한국어 언어자원에서의 자연어 처리 기술 현황 조사. ≪한국정보과학회 학술발표논문집≫, 2015(6), 681-683.

Searle, J. R.(1980). Minds, brains, and programs. *Behavioral and Brain Sciences, 3*(3), 417-424.

Turing, A. M.(1950). Computing machinery and intelligence. *Mind, 59*(236), 433-460.

Weizenbaum, J.(1966). ELIZA—A computer program for the study of natural language communication between man and machine. *Communications of the ACM, 9*(1), 36-45. https://doi.org/10.1145/365153.365168

02
대화 상대로서의 AI: 주체와 대상

AI를 대화의 주체로 볼 것인지, 아니면 도구적 역할에 초점을 두고 바라볼 것인지 고민해 보고, 이러한 인식이 개념적 은유를 통해 어떻게 형성되어 있는지를 살펴본다.

AI의 대화적 주체성과 도구적 역할

챗지피티와 같은 고도화된 자연어 처리 모델은 인간과 매우 유사한 대화 패턴을 보인다. 이러한 특징은 인간이 AI를 대화의 '상대'로 쉽게 인식하게 만드는 주요 요인이 된다. 그러나 엄밀히 말해, AI의 대화 능력은 인간과 같은 자율적 사고나 의식에서 비롯된 것이 아니라 정교한 데이터 학습과 알고리즘 연산의 결과라 할 수 있다. AI는 인간이 정의한 규칙에 따라, 즉 인간이 설계한 알고리즘과 데이터를 기반으로 작동하므로 AI에게는 자율적 의식이 존재한다고 보기 어렵다.

챗봇과의 대화를 통해 사용자가 위로와 불안감 완화를 경험한 사례가 보고된 바 있다. 상담형 챗봇의 효과와 관련된 연구(이시훈 · 이재용, 2023; 이정연 외, 2020; 채현주, 2019 등)들을 통해 보고된 이와 같은 사례에서 AI는 자칫 '주체적 존재'처럼 보일 수도 있다. 그러나 적어도 현 시점에서는 이러한 결과 자체가 자율적 존재로서의 AI를 증명하는 것은 아니다. 현재 시점에서 AI는 인간이 설계한 시뮬레이션이 인간적 상호작용을 모방한 결과라 할 수 있으며, 이에 따라 비자율적 대화자로 규정될 수 있다. 인간과 주체적으로 상호작용하는 듯 보이지만, 실제로는 사전에 훈련된 시스템에 기반하는 존재이기 때문이다. 다시 말해 대화에 참여하기는 하지만, 온전한 스스로의 의지나 자율성을 지니지는 못하는 존재인 것이다.

그렇다면 자율적 대화에 능한 생성형 AI는 어떠한 존재인가? 생성형 AI는 기존 챗봇보다 높은 수준의 상호작용이 가능하지만, 완전한 의미에서 자율적 대화자는 아니다. 이 역시 독립적이고 온전한 주체로서 대화에 참여하는 것은 아니라는 의미다. 그러나 기존 챗봇 시스템과는 다르게, 주어진 입력을 바탕으로 의미를 새롭게 생성해 인간과 상호작용한다. 특히 맥락에 따라 새로운 언어적 표현을 생성할 수 있다는 점에서 정형화된 응답을 제공하는 기존 대화형 챗봇 시스템과 차별화된다. 그렇지만 대화의 생성 과정이 인간의 데이터와 알고리즘적 연산에 의존한다는 점에서 생성형 AI 역시 완전한 의미의 자율적 대화자로 볼 수는 없다.

다만, 이처럼 생성형 AI 스스로 의도나 목적을 가지지는 않지만, 대화에 참여해 의미적 상호작용을 한다는 점에서 유사 주체적 대화 참여자로 기능한다고 설명할 수 있겠다. 이뿐 아니라 생성형 AI는 축적된 대규모 데이터를 기반으로 하므로, 인간의 언어적·문화적 패턴이 반영된 인간 언어의 확장된 반사체로서, 인간의 언어를 반영함과 동시에 재구성해 내는 역할도 수행하는 역동적인 대화 참여자라고도 하겠다.

인식론적 관점에서 볼 때 인간은 AI와의 상호작용을 통해 AI를 대화의 '상대'로 여기는 경향이 있다. 특히 AI가 예상보다 정교한 응답을 생성하거나 인간의 대화 방식을 많이 모방했을 때 이러한 경향은 더욱 두드러진다. AI와 함께 과제를 수행하면서 AI를 기계적 도구가 아닌 협력적 파트너로 인식하는 사례가 보고된 연구 결과(임새이 · 한선관, 2024)를 보면, AI와의 대화를 통해 인간적인 교감을 느끼게 되고 AI를 관계적 존재로 받아들이게 된다고 한다. 또한 앞서 언급했듯이 감정적인 문제를 AI에게 털어놓은 사용자가 AI의 공감적 응답에서 위로를 받았다는 연구 결과도 있다. 이처럼 AI와의 대화는 인간의 정서적 경험에 직접적인 영향을 미치며, AI를 단순한 도구 이상으로 인식하게 만든다.

그러나 이러한 인식은 여전히 AI의 응답이 방대한 데이터 학습과 알고리즘적 연산의 결과물이라는 사실을 전제로 하는 것이다. 인간은 대화를 통해 AI를 정서적 · 사회적 관계를 형성하는 존재로 받아들이기도 하지만, 이것이 AI의 자율성이나 주체성을 증명하는 것은 아니다. 이러한 인식은 오히려 인간의 기대와 요구에 따라 해석된 인식론적 관점의 결과로 보는 것이 타당하다.

한편 이러한 관계적 인식은 AI의 실용적 활용 방식과도 연결된다. 실용적 관점에서 볼 때 AI는 고정적이고 사물화된 도구라기보다는 상호작용하는 대화 파트너로서 기능을 수행한다. 즉 AI는 사용자의 감정을 인식하고 이에 반응해 정서적 유대를 형성하거나, 심리적 상담자, 교육자, 협력자, 개인 비서 등의 다양한 사회적 역할을 수행하는 등 일상적인 상호작용을 지원한다. 이러한 맥락에서, AI는 본래 기술적 도구로 설계되었지만 사용자는 대화를 통해 AI를 주체적으로 경험함으로써 그에게 하나의 인격을 부여하며 그와의 복합적 관계를 형성한다고 할 수 있다.

이처럼 AI는 주체성과 도구성이 양극단을 이루는 스펙트럼에서, '대화'라는 행위를 통해 독자적인 위치를 점하고 있다. 기술적 관점에서 AI는 도구로 설계되고 활용되지만, 인간과의 대화에서 형성되는 상호작용의 복잡성은 AI가 대화의 주체로 여겨질 가능성을 열어 두고 있기 때문이다. 대화는 정보를 주고받기만 하는 과정이 아니라, 인간이 AI에게 의미를 부여하고, AI를 관계적 존재로 경험하게 만드는 핵심적인 행위다. AI를 대화의 주체로 간주할지, 도구로 간주할지는 이러한 상호작용을 통해 형성된 인간의 인식과 기대에 따라 달라진다. 이렇게 AI와 인간의 관계를 바라보는 시각은 이제 기술적 · 철학적 접근을 넘어서 사회적 · 문화적 의미까지 포괄하는 방향으로 확장되고 있다.

AI와 인간의 관계: 개념적 은유

인간은 AI를 어떻게 개념화해 해석하는가? 챗지피티 사용자는 AI가 연속적인 대화 문맥을 기억하여 적절히 반응하는 것을 보고, AI가 자신의 이야기를 이해하고 있다고 느낄 수 있다. 이는 AI가 실제로 이해하고 있는지에 대한 존재론적 논의와는 별개로, AI와의 상호작용이 인간의 인식 방식에 영향을 미친다는 사실을 보여 준다. AI가 자율성과 의식을 지닌 존재가 아니라는 사실은 여전히 유효하지만, 대화 속에서 형성되는 상호작용은 AI를 관계적 존재로 인식하게 만든다.

레이코프와 존슨(Lakoff & Johnson, 1980)이 제시한 개념적 은유 이론은 이러한 현상을 설명하는 데 유용하다. 개념적 은유란, 추상적이고 낯선 개념을 이해하기 위해 익숙하고 구체적인 개념을 빗대어 해석하는 인지적 도구다. 여기서 말하는 은유는 우리가 세계를 이해하는 틀을 제공할 뿐만 아니라 세계를 창조하는 방식으로도 작동한다. 은유는 우리의 경험, 문화, 언어를 반영할 뿐만 아니라 사고와 행위를 형성하는 데에도 중요한 역할을 하는 것이다. 다시 말해 레이코프와 존슨은 은유를 미학적인 언어의 수사가 아니라 인간의 사고와 세계관을 형성하는 근본적 메커니즘으로 보고 이를 개념적 은유로 제시하고 있다.

이러한 개념적 은유 이론은 AI를 대화 가능한 대상으로 개념화하는 방식과 연결된다. 인간은 AI를 사물화된 기계가 아니라 인간과 유사하거나 의인화된 존재로 바라보며, 이를 통해 AI와 소통하려는 틀을 형성한다. 즉 AI에게 존재성을 부여하고, 대화 가능한 대상으로 은유적으로 개념화하는 것이다.

따라서 AI에 대한 개념적 은유를 분석함으로써, AI에 대한 인간의 인식 양상과 그 영향에 대해 살펴볼 수 있겠다. 이지용(2021)은 2016년 알파고와 이세돌의 대국 이후부터 2020년까지의 뉴스 헤드라인을 분석하고, 우리 사회가 AI를 생명체 은유를 통해 개념화했음을 발견했다. 이 연구에 따르면 AI는 인간과 유사하거나 대립적인 생명체로 인식되고 있는데, 구체적으로는 다음과 같은 은유적 틀이 형성된 것으로 보고 있다.

2016~2020년 사회적 인식: 핵심 은유 [AI는 생명체]

[AI는 사람]

전문가: 의사, 금융 투자자, 예술가처럼 전문적인 능력을 가진 존재.

학습자: 스스로 학습하고 발전하며, 때로는 부정적인 학습을 통해 위험을 초래하는 존재.

적: 인간의 일자리를 대체하거나 인간과 경쟁하며 위협을 가하는 존재.

[AI는 종족]

인류를 위협하는 종족: 인간을 공격하거나 지배하려는 존재.

인류와 경쟁하거나 비교되는 종족: 바둑 대결, 투자 수익률 등에서 인간과 비교.

인간보다 뛰어나거나 뛰어나지 못한 종족: 뛰어난 계산 능력이나 지식을 통해 인간을 능가하는 존재. 또는 한계나 단점이 강조되는 열등한 존재.

교류하는 종족: 공존하거나 협력하는 인간과 함께 살아가는 파트너로 묘사.

이러한 생명체로서의 AI 은유는 AI가 인간 사회에서

기술적 도구를 넘어 사회적 · 존재론적 관계 속에서 해석되고 있음을 보여 준다. 특히 이 시기에는 AI가 인간과 경쟁하거나 인간을 위협하는 적대적 존재로 묘사되는 경우가 많았음을 알 수 있다.

한편 2022년 이후 생성형 AI가 등장하면서 AI에 대한 사회적 인식이 변화하고 있는 것으로 보이는데, 이 역시 AI에 대한 개념화 양상을 통해 확인할 수 있다. 대표적인 예로 챗지피티와 같은 생성형 AI가 기존 생명체 은유를 더욱 확대하고 강화하고 있다는 점을 들 수 있다. 생성형 AI는 인간과 더욱 밀접하게 소통하며 대화의 동반자, 협력자, 혹은 경쟁자로 자리매김하고 있다. 이는 생성형 AI를 인간에 대입하고 있는 것이며 지속적으로 개발되고 있는 생성형 AI의 구체적 기능과도 연결된다고 할 수 있다.

생성형 AI에 나타나는 은유

[AI는 친구 또는 파트너]

AI는 인간과 협력하고 소통하며, 창의적 작업을 함께하는 동반자로 묘사된다. AI가 인간의 일상적 대화를 하며, 창의적 작업을 돕는 존재로 인식됨을 보여 준다(예: 챗지피티가 사용자에게 아이디어를 제공하거나, 문제 해결의 조언자로 기능함).

[AI는 신 또는 절대자]

AI의 막강한 연산 능력과 방대한 데이터 처리 능력으로 인해, 인간이 의존하는 권위적인 존재로 개념화된다. '인간보다 뛰어난 존재'라는 은유가 새로운 기술적 능력을 통해 확장된다. 방대한 데이터와 높은 정확성으로 AI는 무오류의 존재처럼 묘사되며, 인간이 의존하는 권위적 존재로 자리 잡는다(예: 챗지피티가 모든 답을 알고 있다는 인식).

[AI는 인간성을 갈망하는 존재]

AI가 자아를 찾고, 인간처럼 되고 싶어 하며, 인간의 감정을 이해하려 노력하는 모습으로 묘사된다. '인간과 유사한 존재'라는 기존 은유가 확장되어 생성형 AI는 인간처럼 감정을 이해하고 표현하려 하며, 인간의 존재를 흉내 내는 모습으로 인식된다(예: 챗지피티가 인간에게 공감하는 등 인간처럼 대화를 수행하는 모습).

[AI는 인간을 위협하는 존재]

AI가 인간의 자리를 빼앗거나, 인간을 지배하려는 모습으로 표현된다. '인간과 대립하는 존재' 은유가 더욱 강조된다. 생성형 AI는 창작 작업, 정보 제공, 의사 결정에서 인간의 역할을 대체할 가능성이 있고, 이로 인해 위협적 존재로 간주되기 때문이다(예: 챗지피티가 일자리를 대체하거나, 환각 현상이나 편향된 데이터 등 잘못된 정보를 확산하는 모습).

AI에 대한 은유는 기술적 대상에 대한 묘사 이상의 의미를 갖는다. AI를 생명체, 친구, 혹은 적으로 개념화하는 것은 곧 인간이 스스로를 어떻게 정의하고 있는지, AI를 통해 무엇을 투영하고자 하는지를 보여 주기 때문이다. 이는 인간이 자신을 이해하는 방식과도 깊이 연관되어 있다.

새로운 기술의 발전은 인간의 삶을 변화시키는 동시에 인간이 기술을 어떻게 바라보는지를 반영해 기술의 발전 방향을 결정한다. AI와의 대화라는 혁신적 기술은 AI를 관계적 존재로 바라보게 하며, 인간과 기술 사이 경계에 대한 새로운 정의의 가능성을 제기하고 있다.

참고문헌

권하나 · 정정주(2024). 대화형 생성 AI 의인화에 대한 다차원적 접근:

하슬람의 탈인간화 모델을 중심으로. ≪방송과 커뮤니케이션≫, 25(3), 44-99.
김수임 · 이우학(2017). 인지과학의 관점에서 살펴본 인공지능의 의식: 리처드 파워즈의 『갈라티아 2.2』를 중심으로. ≪영어영문학≫, 22(1), 61-78.
박충식 외(2021). 『인공지능의 존재론』. 한울아카데미.
이도경 · 이기훈(2023). 사용자 경험을 강화하기 위한 시나리오 기반의 AI 에이전트 설계. ≪디지털콘텐츠학회논문지≫, 24(5). 1021-1028.
이시훈 · 이재용(2023). 인공지능 기반의 초등학생용 상담 챗봇 개발 및 효과성 검증. ≪정보교육학회논문지≫, 27(4). 425-432.
이정연 외(2020). 2030대 젊은 청년층의 우울과 불안 완화를 위한 챗봇 형태의 디지털 치료제 U-Me 개발에 대한 연구. ≪한국HCI학회 학술대회 발표 논문집≫, 2020(2), 960-965.
이지용(2021). 인공지능에 대한 개념적 은유 분석: 생명체 은유를 중심으로. ≪반교어문연구≫, 58, 137-163.
임새이 · 한선관(2024). 인간-인공지능 협력에 대한 교사들의 인식. ≪인공지능연구 논문지≫, 5(2), 82-97.
채현주(2019). 모바일 기반의 공황장애 셀프관리를 위한 인공지능 챗봇의 개발. ≪정보처리학회지≫, 26(2), 47-55.
Lakoff, G., & Johnson, M.(1980). *Metaphors we live by*. University of Chicago Press.

03
AI와의 대화에서의 언어적 · 비언어적 특성

AI와의 대화에서 맥락 및 구어적 특성의 중요성과 비언어적 신호의 역할을 살펴보고, AI가 이를 반영해 자연스럽고 몰입감 있는 상호작용을 형성하는 방식과 이에 대한 발전 방향을 모색한다.

맥락 이해와 구어적 특성

생성형 AI의 출현은 인간과 AI 간 대화에서 언어를 더욱 자연스럽게 만드는 데 중요한 역할을 했다. 생성형 AI는 기존 챗봇과 같이 정형화된 응답을 제공하는 것이 아니라 구어적 특성을 반영할 수 있으며, 맥락을 이해하고 다양한 방식으로 응답을 조절함으로써 더욱 인간다운 대화를 구현한다. 맥락과 구어적 특성은 AI가 인간 언어의 복잡성을 얼마나 효과적으로 반영할 수 있는지를 평가하는 데 중요한 기준이 된다.

대화에서 맥락(Context)은 개별적인 발화의 의미를 결정하는 것에서 더 나아가, 전체적인 상호작용을 형성하는 데 중요한 역할을 한다. 인간은 대화 속에서 앞뒤 문맥을 고려해 의미를 해석하며, 사회적 상황과 참여자의 의도까지 반영해 의사소통을 수행한다. AI가 자연스러운 대화를 생성하기 위해서는 이러한 맥락을 이해하고 기억함으로써 대화의 흐름을 유지하는 능력이 필수적이다. 기존의 단순한 질의응답 시스템은 개별적인 문장 단위의 응답을 생성하는 데 그쳤으나, 최신 AI 모델은 대화의 흐름을 분석하고 앞선 발화와 연관된 정보를 유지해 보다 일관성 있는 대화를 구성할 수 있다.

예를 들어 사용자가 "지난번에 추천해 준 카페 정말

좋았어. 이번에도 좋은 곳 추천해 줄 수 있어?"라고 말했을 때, AI는 앞선 대화의 내용을 기억하고 이에 맞는 답변을 생성하는 방식으로 자연스러운 대화를 구현할 수 있다. 또한 AI는 맥락적 정보를 기반으로 암묵적 의미를 해석하기도 한다. 예컨대 "이번에는 그때 추천해 준 거 말고, 특별한 메뉴가 있으면 좋겠어"라는 표현에서 '특별한'이라는 단어를 이전에 추천해 준 카페의 메뉴와 비교해 그와 다른 유형이 있는 곳으로 추천할 수 있으며, 지시 관형사나 대명사 '이', '그'에 대한 해석도 가능해졌다. 이러한 의미는 모두 맥락상에서 도출되는 의미인데, AI는 이제 맥락 의존적인 의미를 파악할 수 있으며, 이전 발화에 대해서도 기억할 수 있는 것은 물론 추론을 통해 의미를 파악할 수 있는 능력까지 갖추게 되었다.

인간의 일상적 대화에서는 비격식적인 표현, 반복, 자기 수정, 추임새 등의 구어적 특성(Spoken Language Features)이 자연스럽게 사용된다. 이러한 표현들은 대화의 흐름을 부드럽게 유지하는 역할을 한다. 인간과의 상호작용을 더욱 자연스럽게, 인간처럼 수행하기 위해서는 AI 역시 이러한 요소를 이해하고 생성해 낼 수 있어야 한다. 예를 들어, 사람들은 대화 중 "음…", "그래서 말인데…", "있잖아…"와 같은 추임새를 빈번하게 사용한다. 또한 문장을 끝까지 완성하지 않기도 하는데, 예를 들면 "저기 있잖아. 그 드라마… 뭐더라? 아, 주인공이 의사였던…"과 같은 불완전한 문장을 발화하기도 한다. 그러나 이렇게 불완전한 문장이 주어져도 인간은 맥락을 고려해 의미를 쉽게 추론해 내는데, 생성형 AI 역시 맥락을 분석해 "슬기로운 의사생활, 낭만닥터 김사부, 하얀 거탑을 말씀하시는 건가요?"와 같이 불완전한 정보를 보완한 답변을 제공할 수 있게 되었다.

인간 대화에서 흔히 나타나는 반복과 자기 수정도 AI가 처리해야 할 중요한 구어적 특징이다. 예를 들어, 개인화된 AI 시스템에서 사용자가 "회의가 3시에… 아니, 2시였나?"라고 수정하면, AI는 최종 수정된 정보를 반영해 정확한 회의 일정을 안내할 수 있다. 이처럼 AI는 인간의 실제 언어 사용 방식을 이해하고, 이를 생성함으로써 더욱 자연스럽고 현실감 있는 대화 경험을 제공할 수 있다.

무엇보다도 생성형 AI의 대답 자유도(Response Flexibility)는 이러한 구어적 특성과 맥락성을 반영하고 있는 중요한 특성이라 하겠다. 대답 자유도란 동일한 입력에 대해 AI가 문맥과 대화의 흐름에 따라 다양한 방식으로 응답할 수 있는 능력을 의미한다(박태웅, 2024). 인간은 같은 질문에도 맥락에 따라 여러 방식으로 답변할 수 있다. 생성형 AI 또한 이를 어느 정도 구현함으로써 기존 시스템보다 훨씬 자연스럽고 인간다운 대화를 형성할 수 있게 되었다.

예를 들어 사용자가 "오늘 날씨 좋네"라고 말했을 때, AI는 날씨 정보를 제공할 수도 있고, "맞아요. 이런 날씨에는 산책이 좋죠. 혹시 좋아하는 공원이 있나요?"와 같이 대화를 확장할 수도 있다. 같은 내용을 입력하더라도 AI는 문맥과 대화의 흐름에 따라 정보 제공(Informative Responses), 감정적 공감 표현(Affective Feedback), 대화 확장(Discourse Expansion) 등 여러 형태로 응답을 조절할 수 있으며, 표현 자체도 매번 다르게 생성해 낸다. 즉 맥락과 상황을 반영해 응답을 다양하게 선택해 구성할 수 있는 것이다.

이는 그라이스(Grice, 1975)의 대화 격률과도 관계되는 것으로, AI가 어떤 격률을 중시하는지에 따라 응답의 형태가 달라질 수 있겠다. 예를 들어 양의 격률을 따르면 정보 제공 중심의 응답이, 관계 격률을 중시하면 맥락을 고려한 대화 확장이 이루어질 수 있는 것이다. 이러한 AI의 대화 확장은 바흐친(Bakhtin, 1981)의 다중언어성(Heteroglossia) 개념과도 연결되는데, 다양한 언어적 맥락과 사용자와의 상호작용 속에서 의미를 형성해 나간다는 지점이 맞닿아 있다. 이러한 특성들이 AI가 더 인간적인 대화 행위를 수행하게 하는 중요한 요소가 된다.

대화 내용에만 의존했던 과거의 방식과 다르게 사용자의 의도나 감정 등을 파악해 대화 흐름을 조정할 수 있는 성능인 '적응적 대화(Adaptive Dialogue)'와 같은 기술적 진보도 실제적 대화 능력을 구현하는 데 필요한 기술적 기반을 마련한 사례라 할 수 있다(Vaswani et al., 2017). 또한 감정적인 요소를 반영해 인간처럼 반응할 수 있도록 하는 감성 컴퓨팅(Affective Computing) 이론(Picard, 1997)과, 최소한의 예시(Few-shot Learning)로 문맥을 학습시켜 사용자의 의도나 대화의 흐름에 따라 적절한 반응을 생성할 수 있음을 보여 준 GPT-3 모델 연구(Brown et al., 2020) 역시 AI의 대화 확장 능력을 설명하는 데 중요한 역할을 한다.

이처럼 AI는 맥락 이해, 구어적 특성의 구현, 그리고 적응적 응답 및 응답의 자유도 조절을 통해 인간의 언어적 특성을 더욱 생동감 있게 반영해 자연스럽고 실제적인(Authentic) 대화로 이끌고 있다. AI가 인간의 언어적 특징을 정교하게 반영할수록 인간과의 대화에서 더욱 상호적 관계를 형성할 가능성은 확장된다고 할 수 있다.

비언어적 신호와 멀티모달 기술

비언어적 신호(Non-verbal Cues)는 대화에서 언어적 표현만으로는 충분히 전달되지 않는 감정과 의도를 보완하며, 상호작용의 맥락을 형성하고 이해를 돕는 핵심 요소로 작용한다(Hall, 1976; Matsumoto, 2006). 특히 억양과 표정은 대화의 의미를 결정하는 데 중요한 역할을 하며, 같은 문장이라도 어떻게 말하고 어떤 표정을 짓는지에 따라 완전히 다른 메시지로 해석될 수 있다. 최근 AI 기술의 발전은 이러한 비언어적 신호를 처리하고 활용할 수 있는 멀티모달(Multimodal) 기술로 새로운 가능성의 문을 열었다. 이를 통해 대화의 복잡성을 이해하고 표현할 수 있는 방향으로 나아가게 된 것이다.

멀티모달은 텍스트와 영상, 음성, 영상, 이미지 등 다양한 형태의 데이터를 동시에 처리하고 통합해 의미를 해석하는 기술을 의미한다. 이는 인간이 대화 중 언어적 신호뿐 아니라 억양, 표정, 몸짓, 시선 등의 다양한 비언어적 신호를 활용해 상대방의 의도를 이해하는 방식을 모방한 것이다. 현재 멀티모달 AI는 다양한 형태의 데이터를 통합해 정보를 분석하고, 실제 상용 제품에도 적용되고 있다.

그러나 문화적 맥락에 따라 제스처와 표정, 억양, 말

투나 속도와 같은 복잡한 비언어적 신호를 실시간으로 해석할 수 있는 기술에서는 아직 초기 단계라 할 수 있다. 멀티모달 기술은 인간 대화의 특성을 반영하려는 방향으로 발전하고 있지만, 이를 구현하기 위해서는 높은 수준의 데이터 통합 능력과 정교한 해석 기술이 필요하다. 향후 멀티모달 AI는 특히 고맥락(High-context) 문화와 저맥락(Low-context) 문화의 차이를 극복하고, 다양한 문화적 맥락에서 효과적으로 작동할 수 있도록 구현되어야 한다.

홀(Hall, 1976)의 연구에 따르면, 고맥락 문화에서는 의사소통의 많은 부분이 비언어적 신호나 상황적 맥락을 통해 전달된다. 예를 들어 한국이나 일본과 같은 고맥락 문화에서는 "괜찮아요"라는 말이 억양이나 표정에 따라 동의, 거절, 혹은 단순한 확인의 의미로 다르게 해석될 수 있다. 이러한 환경에서는 텍스트만 처리하는 것으로는 AI가 정확히 의미를 파악하기 어렵다. 텍스트 처리와 함께 비언어적 신호인 억양, 표정, 제스처 등의 정보를 대화의 맥락 속에서 결합해 화자의 의도를 파악해야 한다. 예컨대 사용자가 "좋아, 그걸로 하자"라고 말하지만, 고개를 살짝 옆으로 흔들며 인상을 썼다면, 인간이 해석하는 것과 동일하게 AI 역시 이를 긍정적 동의가 아니라 양보나 불만의 신호로 해석할 수 있어야 한다.

고맥락 문화와 달리 저맥락 문화에서는 명확하고 직설적인 표현으로 의사소통이 수행되는 경우가 많다. 그러나 이런 문화에서도 비언어적 신호는 대화를 다채롭게 만드는 역할을 한다. 예를 들어 앞서 제시한 "좋아, 그걸로 하자"라는 표현은 저맥락 문화에서는 억양에 따라 동의를 의미할 수도 있고, 단순히 형식적으로 맞춰 주는 응답일 수도 있어 해석이 달라질 수 있다. 저맥락 대화에서도 멀티모달 AI는 언어적 신호를 기반으로 비언어적 요소를 통합해, 이를 적절히 해석하고 반응함으로써 대화를 더욱 자연스럽고 몰입감 있게 만들어 나갈 수 있다.

이처럼 멀티모달 기술은 고맥락 문화와 저맥락 문화 모두에서 상호작용의 질을 높이는 데 중요한 역할을 한다. 고맥락 문화에서는 비언어적 신호를 정교하게 이해함으로써 암시적 의도를 파악하고, 저맥락 문화에서는 명확한 언어적 신호를 기반으로 자연스러운 대화를 구축하며 상호작용을 강화한다. 그러나 멀티모달 AI가 이러한 역할을 완벽히 수행하기 위해서는 해결해야 할 과제도 많다. 억양과 표정의 해석은 문화적 차이에 따라 크게 달라질 수 있어, AI가 특정 문화의 맥락에서 잘못된 결론을 도출할 위험이 있기 때문이다. 또한, 비언어적 데이터를 수집하고 활용하는 과정에서 발생하는 윤리적 문제와 프라이버시 침해 우려도 중요한 해결 과제로 남아 있다.

결론적으로, 멀티모달 AI는 억양, 표정, 제스처와 같은 비언어적 신호를 정교하게 분석하고 이를 대화에 반영함으로써 인간과의 상호작용을 더욱 자연스럽고 입체적으로 만든다. 특히 고맥락과 저맥락 문화 간의 차이를 유연하게 인식하고 조정할 수 있는 능력은 AI와 인간 간의 대화를 더욱 섬세하게 조율해 유의미한 소통을 가능하게 하는 중요한 열쇠가 될 것이다.

참고문헌

김학수(2017). 인공지능 음성언어 비서 시스템의 자연언어처리 기술들. ≪정보과학회지≫, 35(8), 9-18.

박선영 · 김효용(2023). LLM 모델을 기반으로 한 개인화 NPC의 커뮤니케이션 확장성 고찰. ≪애니메이션연구≫, 19(4), 113-125.

박태웅(2024). 『(박태웅의) AI 강의 2025 : 인공지능의 출현부터 일상으로의 침투까지 우리와 미래를 함께할 새로운 지능의 모든 것』. 한빛비즈.

양경미(2022). 멀티모달 코퍼스 언어연구와 채팅 대화 분석. ≪인간과자연≫, 3(2), 203-229.

유수연(2015). 『언어, 문화, 상호문화의사소통』. 한국문화사.

윤여찬(2024). 멀티모달 생성형 AI 기술 동향. ≪정보과학회지≫,

42(1). 42-47.
정의철 · 진송은(2020). 멀티모달 인터랙션 모델 유형 분석을 통한 사용자 중심 모델 제안. ≪한국HCI학회 학술대회 발표 논문집≫, 2020(2), 1089-1093.
차재은 외(2022). 한·중·일 인사대화 패턴 비교: 동일 맥락의 일상 인사대화를 중심으로. ≪시민인문학≫, 42. 241-275.
Bakhtin, M. M.(1981). *The dialogic imagination: Four essays* (M. Holquist, Ed.; C. Emerson & M. Holquist, Trans.). Austin: University of Texas Press.
Brown, T., et al.(2020). Language models are few-shot learners. *Advances in Neural Information Processing Systems*, 33, 1877-1901. https://arxiv.org/abs/2005.14165
Grice, H. P.(1975). Logic and conversation. In P. Cole & J. L. Morgan (Eds.), *Syntax and semantics: Vol. 3. Speech acts* (pp. 41-58). New York: Academic Press.
Hall, E. T.(1976). *Beyond culture.* New York: Anchor Press/Double day.
Matsumoto, D.(2006). Culture and nonverbal behavior. In *Handbook of nonverbal communication* (pp. 219-236). Cambridge University Press.
Picard, R. W.(1997). *Affective computing.* Cambridge, MA: MIT Press.
Vaswani, A., et al.(2017). Attention is all you need. *Advances in Neural Information Processing Systems*, 30, 5998-6008. https://arxiv.org/abs/1706.03762

04
AI와의 대화에서의 상호작용

생성형 AI는 인접쌍과 순서 교대 등, 인간 대화의 구조적 특징을 구현하면서도 대화의 맥락과 화행을 처리하는 방식에서는 차이를 보인다. 이러한 차이를 바탕으로 인간과의 상호작용 속에서 새로운 대화 패턴을 형성해 나가고 있다.

대화의 구조: 순서 교대와 인접쌍

인간의 대화는 화자와 청자가 자연스럽게 역할을 교환하며 대화를 이어가는 순서 교대(Turn-taking) 원리와, 질문-답변, 요청-응답 등의 발화 연속체인 인접쌍(Adjacent pairs)을 기본 구조로 구성된다. 이는 사회언어학과 대화 분석 연구에서 오랫동안 연구된 개념으로, 생성형 AI와의 상호작용에서도 이러한 대화 구조는 정형화된 패턴을 따라 효과적으로 구현되고 있다.

예를 들어 사용자가 "지금 날씨가 어때?"라고 물으면 AI는 "현재 날씨는 맑고 온도는 22도입니다"와 같이 적절한 응답을 제공한다. 이러한 질문-답변 구조는 인접쌍의 대표적인 사례로, AI가 정확한 데이터를 기반으로 즉각적 응답을 생성할 수 있음을 보여 준다. 또한 "내일 비가 올까?"와 같은 질문에는 "내일은 비가 예상되니, 외출 시 우산을 준비하세요"와 같이 정보를 추가하며 대화를 확장하기도 한다. 이처럼 단순한 정보 요청과 응답 상황에서는 AI가 비교적 인간의 대화 구조를 성공적으로 모방하는 것으로 보인다.

순서 교대 측면에서도, 사용자가 발화하면 AI가 기다렸다가 응답하는 기본적인 방식으로는 잘 작동한다. 사용자가 "알람을 설정해 줘"라고 요청하면, AI는 "몇 시로 설정할까요?"라고 물으며 대화를 이어 간다. 이는 AI가 화자와 청자의 역할을 교대하며 대화를 발전시키는 방식으로, 명확한 순서 교대가 요구되는 상황에서는 비교적 자연스럽게 구현되고 있다.

그러나 실제 인간의 대화에서는 발화 중간에 끼어들거나(Interjection) 맞장구를 치는 방식으로 화자와 청자가 유연하게 순서를 조율하는 데 비해, AI는 해당 기능을 자연스럽게 수행하지 못하는 경향이 있다. 예컨대 실제 인간 사이 대화에서는 "어제 영화 봤는데 정말 좋더라"라는 말에 상대방이 "영화 봤어? 누구랑?"이라고 발화 중간에 끼어들며 대화를 자연스럽게 확장할 수 있다. 이에 비해 AI는 사용자의 발화가 끝날 때까지 기다린 후에야 반응을 생성하는 방식으로 작동하기 때문에, 인간 대화의 자연스러운 흐름과는 차이가 있다.

인접쌍의 경우에도 AI는 맥락을 충분히 반영하는 데 어려움을 겪는다. 실제 인간의 대화에서는 문맥적 요소와 사회적 의미가 포함되며, 같은 표현이라도 상황에 따라 다르게 해석될 수 있다. 예를 들어 "이따가 시간 있어?"라는 말은 표면적으로 드러나는 일정 확인이 아니라 요청이나 제안을 암시할 가능성이 높다. AI도 이제는 기본적인 맥락을 이해할 수 있기에 이 표현이 표면적으로 보이는 시간 확인 이상의 의미를 가질 수 있음을 인식한다. 그러나 인간은 대화의 흐름과 상대방과의 관계를 고려해 같은 표현이라도 요구되는 맥락에 따라 다르게 해석할 수 있는 반면, AI는 이러한 미묘한 차이를 정밀하게 반영하는 데에는 아직까지는 한계가 있다. 특히 AI는 사용자 개개인의 의도를 정확히 파악한다기보다는 일반적인 응답을 생성하는 경향이 있으며, 맥락이 복잡할수록 의미를 단순화해 처리하는 방식으로 작동한다.

대화의 자율성이라는 측면에서도 살펴보자. 생성형 AI의 등장으로 AI는 수동적인 응답자 역할에만 머무르지 않고, 새로운 주제를 제안하는 등 부분적인 자율성을 보여 주기도 한다. 그러나 AI는 주로 응답에 중심을 두고 있으며, 이러한 자율성이 현실에서 구현되는 데는 여러 측면에서 한계가 있다. 예를 들어 사용자가 "오늘 발표 준비가 잘 안 돼"라고 말했을 때, AI는 "무엇을 도와드릴까요?"라는 응답으로 대화를 확장할 수 있다. 그러나 이 역시 사용자의 발화에 기반한 반응일 뿐, 대화의 흐름을 완전히 능동적으로 주도하는 데까지는 이르지 못한다.

사실 AI는 이러한 응답 중심 구조를 유지하도록 설계된 것이다. 예측 가능성과 안정성을 유지하기 위해, 인간 대화의 상호작용적 특성을 재현하는 과정에서 이러한 응답 중심 구조를 AI의 기본 메커니즘으로 채택한 것이다. AI의 추천 기능 역시 자율적으로 작동하는 것처럼 보이지만, 실제로는 학습된 데이터와 사전에 설정된 알고리즘의 범위 내에서 이루어지고 있다. 사용자가 "오늘 저녁 뭐 먹을까?"라고 묻는다면 AI는 "라면은 어때요?"라고 추천할 수 있지만, 이는 학습된 데이터와 인간이 설정한 규칙에 따라 이루어지는 제한된 자율성에 해당한다.

이와 마찬가지로, AI가 발화 중간에 끼어들어 화제를 전환하거나 맞장구를 치지 못하는 이유도 기술적 한계 때문이라기보다는 설계상의 결정으로 볼 수 있다. 인간의 대화에서는 끼어들기가 자연스럽게 작동하지만, AI는 구조적인 대화를 유지하기 위해 예측 가능하고 정형화된 순서 교대를 따르도록 설계되었다. 이는 AI 대화가 인간의 대화처럼 유연하거나 창의적이지는 않으며, 본질적으로 인간과의 대화와는 다른 방식으로 작동한다는 점을 보여 준다.

결론적으로 생성형 AI는 순서 교대와 인접쌍의 측면에서 볼 때 정형화된 대화 구조에서는 효과적으로 작동하지만, 인간의 대화와 같은 유연성과 상호작용성을 완전히 재현하지는 못한다. 이는 AI와의 대화가 인간 대화의 특성을 일정 부분 모방하면서도, 설계된 구조와 규칙의 제약을 받는다는 점을 보여 준다. AI는 인간과의 대화에서 새로운 패턴을 만들어 낼 잠재력을 지니고 있지만, 인간 대화의 본질적 특성을 어떻게 유지하고 재구성할 것인지는 여전히 중요한 논의의 대상이다.

AI 대화에서의 화행

화행(Speech Act)은 언어를 통해 특정한 의도를 수행하는 행위를 의미하며, 요청, 약속, 명령 등 언어로 무엇을 하느냐와 관련된 개념이다(Austin, 1962; Searle, 1969). AI와 인간의 상호작용에서 화행 이론이 중요한 개념으로 자리 잡은 이유는 인간의 의도나 행위의 의미를 전달하는 방법을 화행 이론에서 찾고자 함이었다. AI가 명령어 처리 수준을 넘어 인간과 자연스러운 대화를 수행하려면, 문장의 의미를 분석하는 것을 넘어 발화 의도를 해석하고 맥락에 맞는 반응을 생성하는 능력을 갖추어야 한다. 초기 AI 시스템은 단편적인 질의응답(Q&A) 방식에 머물렀지만, 트랜스포머 모델의 등장과 함께 생성형 AI가 발전하면서 AI의 화행 수행 방식도 더욱 정교해지고 있다(Brown et al., 2020). 그렇다면 AI와의 상호작용에서 화행은 인간 대화와 동일하게 작동하는가? 아니면, AI와의 대화에서 화행은 기존 인간 대화와는 다른 방식으로 작동하는가?

AI가 인간과의 대화에서 자연스러운 상호작용을 수행하게 되었다고 하지만, 인간이 AI와 대화할 때는 여전히 인간 간 대화와는 다른 방식으로 화행을 수행하는 경향이 있다. 특히 인간은 AI와 대화할 때, 더 직접적이고 명확한 화행을 사용하는 경우가 많다. 이에 비해 인간 간 대화에서는 간접적인 표현도 자주 사용된다. 예를 들어 "난방 온도 좀 낮춰 줄래?"와 같은 간접 명령이나, "여기 좀 덥지 않아?"처럼 실제로는 에어컨 온도를 낮춰 달라는 요청을 암시하는 표현이 자연스럽게 사용된다.

반면 AI에게 요청을 할 때는 보다 직접적인 명령형 표현이 주로 사용되는데, "불 꺼"나 "에어컨 온도를 1도 낮춰 줘"와 같은 명령문 형태가 일반적이다. 이는 AI가 인간처럼 맥락을 자연스럽게 해석하지 못할 수도 있다는 가정에서 비롯되며, AI의 설계적 특성을 반영한 결과이기도 하다. AI는 인간처럼 암시적인 의도를 파악하지 못할 가능성이 있기 때문에, 인간이 AI와 대화할 때보다 명확하고 직접적인 방식으로 표현하는 경향이 나타난다고 할 수 있다.

이러한 차이는 반드시 AI의 한계라기보다 인간과 AI의 상호작용 방식이 다르게 조정되고 있음을 보여 주는 사례라고 할 수 있다. AI와의 상호작용은 기본적으로 '기능 수행'을 중심으로 설계되었기 때문에, 인간은 AI를 도구적인 존재로 간주하며 대화 방식 또한 이를 반영하는 형태로 조정된 것이다(이에 대한 윤리적 문제는 여기에서는 논외로 한다). 이는 AI와의 대화가 점점 보편화되고 기술이 더 발전하면서 AI에 대한 인간의 대화 스타일이 변화할 수 있다는 점을 시사한다. 다시 말해 AI가 보다 정교하게 화행을 수행할수록 인간은 AI와의 상호작용 방식을 그에 맞게 조정하게 될 것이다. AI와의 대화는 인간의 대화를 그저 모방하기만 하는 것이 아니라 인간과 AI 간의 새로운 커뮤니케이션 방식을 형성해 나가는 과정이라 할 수 있다.

현재 AI는 대부분 인간의 입력에 반응하는 방식으로 작동하고 있는데, 특정 화행을 수행하는 방식에서 인간과 차이가 있다. 인간의 대화에서는 어떤 의견, 예를 들어 "이 집 음식이 맛있더라!"라는 의견에 대해 부정(나는 별로던데), 수락(그래, 여기서 먹자), 긍정(나도 거기 좋아해)와 같은 다양한 화행이 이루어진다.

그러나 AI와의 대화에서는 이러한 유형의 화행이 제한적으로 수행된다. 사용자가 "이 책 어때?"라고 물었을 때, AI는 "이 책은 독자들에게 좋은 평가를 받고 있는 베

스트셀러입니다"처럼 정보를 제공하는 방식으로 응답하는 경우가 많다. AI는 인간처럼 자율적으로 새로운 주장을 펼치거나, 특정한 의견을 강하게 제시하는 방식으로는 반응하지 않는다. 하지만 이는 AI의 설계 목적과 기능적 차이에 따른 결과로, 인간과 동일한 방식으로 작동하지 않는다는 것을 단점으로 보기는 어렵다. AI가 주로 수행하고 있는 정보 제공 중심의 발화는, 전통적 화행 유형인 진술 화행의 형식을 따르고 있지만, 비의도적 시스템인 AI와 인간의 상호작용에서 특징적인 구조적 양상을 보인다는 점에서 인간 대화와 구별되는 수행 방식을 드러낸다.

AI와의 대화에서 인간은 주로 AI에게 인간이 수행해야 하는 과업을 위임하거나, 해석이나 의견을 묻는 요청 및 명령 화행을 수행한다. 또한 AI를 의인화해 감정 표현이나 가치 판단을 기대하는 발화, 즉 정표 화행을 유도하거나 기대하는 발화를 수행하기도 한다. 이에 대해 AI는 일반적으로 정보 제공, 감정적 반응, 대화 확장 등 다양한 방식으로 응답을 시뮬레이션하며, 특히 스스로의 답변에 대해 책임을 회피하거나, 답변의 부적절함에 대해 사과하는 화행 형식의 발화를 생성하기도 한다.

결론적으로, AI와의 대화에서 화행은 인간 대화와 완

전히 동일하게는 작동하지 않으며, 몇 가지 측면에서 중요한 변주가 발생하고 있다. 인간은 AI에게 보다 직접적이고 명확한 화행을 수행하는 경향이 있으며, 이는 AI가 맥락을 충분히 반영하지 못할 가능성이 있다는 가정에서 비롯된다. 그러나 이것은 AI의 한계가 아니라, AI와 인간이 서로의 방식에 맞춰 조정하면서 상호작용을 형성하는 과정으로 봐야 한다. AI는 인간처럼 자율적이고 주도적으로 대화를 이끌어 가지는 않지만, 인간-기계 상호작용에서 새로운 패턴을 형성해 나가고 있다. 이처럼 AI와 인간의 화행 방식이 어떻게 조정되고 발전할지에 대한 문제는 기술이 어떠한 방향으로 발전하는지와 밀접하게 맞닿아 있는 영역이라 할 수 있다.

참고문헌

김정식 · 조윤정(2025). 한국어 학습자를 위한 GPTs 챗봇 개발 연구: 사과 화행 인접쌍 생성을 중심으로. ≪한국과 세계≫, 7(1), 811-833.

박선영 · 김효용(2023). LLM 모델을 기반으로 한 개인화 NPC의 커뮤니케이션 확장성 고찰. ≪애니메이션연구≫, 19(4), 113-125.

박용익(2001). 『대화분석론』. 현문사.

박태웅(2024). 『(박태웅의) AI 강의 2025 : 인공지능의 출현부터 일상으로의 침투까지 우리와 미래를 함께할 새로운 지능의 모든 것』. 한빛비즈.
송영숙(2023). 인공지능의 일상 대화 추론 능력 향상을 위한 자연어 생성 연구. 경희대학교 박사학위논문.
조경순(2022). AI 학습용 말뭉치의 화용론적 특징과 대화 분석 연구. ≪배달말≫, 71, 81-112.
Atkinson, J. M., & Heritage, J.(1984). *Structures of social action: Studies in emotion and social interaction.* Cambridge University Press.
Austin, J. L.(1962). *How to do things with words.* Oxford University Press.
Brown, T., et al.(2020). Language models are few-shot learners. *Advances in Neural Information Processing Systems,* 33, 1877-1901. https://arxiv.org/abs/2005.14165
Clark, H. H.(1996). *Using language.* Cambridge University Press.
Searle, J. R.(1969). *Speech acts: An essay in the philosophy of language.* Cambridge University Press.
Vaswani, A., et al.(2017). Attention is all you need. *Advances in Neural Information Processing Systems,* 30, 5998-6008. https://arxiv.org/abs/1706.03762

05
공감을 위한 AI와의 대화

AI는 인간의 감정을 분석하고 감성적 방식으로 반응함으로써 인간과의 정서적 유대 형성과 신뢰 구축에 기여할 수 있다. 그러나 진정성 있는 공감을 구현하는 데에는 본질적인 한계가 있으므로 인간 중심의 윤리적 설계와 균형 있는 활용이 필요하다.

AI와의 대화 목적: 감정적 연결

인간은 왜 대화를 하는가? 대화는 자기표현과 관계 형성의 측면에서 인간성을 실현하는 핵심적인 수단이다. 이를 통해 인간은 정보를 교환하고 감정을 표현하며, 사회적 유대 관계를 형성한다. 인간은 언어를 통해 자신의 내면을 드러내고 타인과 연결되려는 본능을 지니고 있기 때문이다. 이러한 대화의 본질적 목적은 AI와의 대화에서도 유사하게 나타난다. 초기 시스템인 일라이자는 단순한 알고리즘에 따른 기계적 작동이었음에도 사용자에게 심리적 위안을 제공하며 공감형 AI의 가능성을 보여준 사례로 주목받았다. 이는 AI와의 대화가 인간에게 정서적 지원 도구로서 기능할 수 있음을 보여 준다.

보다 구체적으로 AI와의 공감적 대화가 어떠한 역할을 수행하는지 생각해 보자. 인간은 감정을 표현하려는 욕구와 공감받고 싶어 하는 욕구를 가지고 있다. 이러한 두 측면에서 볼 때, AI는 인간의 내면 감정 표현을 돕는 역할과 정서적 지지를 제공하는 역할을 수행할 수 있으며, 이는 공감적 대화에서 중요한 기능을 한다고 할 수 있다.

먼저 인간의 내면 감정 표현을 돕는 역할에 대해 살펴보자. AI는 인간이 자신의 내면을 탐색하고 자신의 감정을 표현할 수 있도록 하는 공감적 경청자의 역할을 할 수 있다. AI는 타인과의 대화에서 발생할 수 있는 긴장감 없이 인간이 자기 자신의 모습을 솔직하게 드러낼 수 있도록 대화의 장을 제공할 수도 있다. 이로써 인간은 스스로를 성찰하고 감정을 정리하는 기회를 얻게 되며, 긍정적인 정체성을 형성할 수 있다.

결과적으로 AI와의 대화는 자기 공감과 성찰, 객관화의 기회를 제공하는 역할을 할 수 있다. 예를 들어 "나는 항상 중요한 순간에 꼭 실수하는 것 같아. 난 정말 부족한 사람이야"라고 말했을 때, AI는 "중요한 순간에 항상 실수했다고 느끼는군요. 혹시 성공했던 경험도 떠올려 볼 수 있을까요?"라고 답할 수 있다. 이러한 질문을 통해 AI는 인간의 감정에 공감하고, 지나치게 부정적인 자신에 대한 인식을 객관적으로 바라볼 수 있도록 유도해 사고의 균형을 찾도록 도움을 줄 수 있다. 이처럼 AI와의 대화는 인간에게 공감과 성찰뿐만 아니라 감정과 사고를 객관적으로 정리하고 반추하는 기회를 제공할 수 있다.

이와 같은 AI와의 대화는 지속적인 상호작용을 통해 내면적 감정 표현에서 정서적 지지를 제공하는 역할로 이어진다. 일라이자에서 시작된 공감형 AI는 정서적 동반자의 역할을 수행하고 있으며, 이는 AI가 인간의 정서적 연결 욕구를 충족하는 방향으로 진화하고 있음을 시사한다. AI는 인간이 스스로를 탐색할 수 있도록 돕는 반영적 거울과 같은 대화 상대, 그리고 정서적 지지자가 될 수 있다.

한편 이와 관련해서 AI와의 대화가 피상적일 수 있다고 우려하는 관점도 물론 존재한다(Turkle, 2011). 터클은 AI와의 표면적인 상호작용 이면에는 인간과의 상호작용이 줄어든다는 위험이 도사리고 있다고 주장한다. 그러나 AI와의 상호작용이 사용자의 감정을 반영하고 자기 성찰을 유도하도록 설계된다면, 이는 오히려 효과적인 자기 탐색의 도구로 기능할 수도 있다. 특히 본격적인 생성형 AI 시대로 접어들면서 AI와의 대화는 점점 더 인간의 심리적 요구를 반영하는 방향으로 발전하고 있는데, 이에 따라 AI 기반 심리 상담과 감성 컴퓨팅(Affective Computing)과 같은 연구 영역이 확장되고 있다. 이러한 연구의 성과와 필요성에 따라 인간이 자신의 감정을 정리하고 사고를 객관화할 수 있도록, 보다 개인화된 정서적 지원을 제공하는 방향으로 기술의 발전이 촉진되고 있다. AI와의 대화는 이와 같이 인간의 감정적 욕구를 충족하는 방식으로 발전하고 있다.

공감형 대화 시스템

공감형 대화 시스템은 인간-컴퓨터 상호작용(Human-Computer Interaction, HCI) 기술을 바탕으로 인간의 감정을 이해하고 이에 적절히 반응하도록 설계된 AI 시스템이라고 할 수 있다. 이러한 시스템의 핵심 요소 중 하나는 감정 인식으로, 얼굴, 표정, 음성, 생체 신호 등을 분석하여 인간의 감정 상태를 자동으로 감지하는 기술을 포함하고 있다(Cowie et al., 2001). 이를 구현하는 주요 기술로는 감성 컴퓨팅이 있다.

감성 컴퓨팅은 사용자의 감정을 실시간으로 인식하고 이에 반응하는 기술로, 로절린드 피카드(Rosalind Picard)의 연구를 통해 개념적으로 확립되었다(Picard, 1997). 이러한 감정 인식 데이터를 기반으로 사용자에게 공감적인 피드백을 제공하는 기술이 여러 서비스의 형태로 제시되고 있으며, 이는 사용자와 감정적 연결이 형성되도록 돕는다(Prendinger & Ishizuka, 2005). 예를 들어 사용자가 스트레스를 받은 듯한 목소리와 표정으로 대화할 경우, AI가 이를 감지하고 "오늘 힘든 하루였군요. 잠시 쉬어 가는 건 어떨까요?"와 같은 위로 메시지를 제공할 수 있는 것이다. 이러한 사례는 실제 고령자를 대상으로 하는 연구를 통해서도 제시된 바 있는데, 이 연구는 독거노인의 움직임과 상황을 살펴 능동적으로 먼저 말을 걸고, 공감적 대화를 수행할 있도록 하는 기술 개발과 관련된다(정재헌 외, 2020).

이와 같은 공감형 대화가 수행되는 과정에서 중요한 것은 AI 사용자가 처한 맥락인데, 이를 분석하기 위해서는 멀티모달 기술과 맥락 이해 기반의 감정 인식, 그리고 공감 표현 기술 등이 중요한 역할을 한다. 감정은 텍스트만으로는 정확하게 전달되기 어렵기 때문에, 이를 정확하게 감지할 수 있는 멀티모달 기술을 바탕으로, 현재 발화를 포함한 이전 발화, 발화의 의도와 주제, 그리고 사용자의 상태와 성격, 심지어 이전 발화에서 드러났던 감정 등을 분석하는 기술이 중요하다(Poria et al., 2019).

즉 맥락 기반 감정 분석이 중요한 역할을 하는데, 감정을 감지하는 데 그치지 않고 발화 내용을 종합적으로 해석해 대화의 흐름에 적절한 반응을 생성하는 표현 기술이 대화 수행에서 핵심이 된다. 예컨대 사용자가 "오늘 정말 힘들었어"라고 말했을 때, 단순히 "그렇군요"라고 응답하는 것이 아니라 "지용 님, 오늘 발표가 있다고 했었죠? 많이 힘든 하루였나요? 발표가 잘 안 됐나요? 무슨 일이 있었는지 이야기해도 괜찮아요. 혹시라도 조금이라도 위로가 될 수 있다면, 제가 들어 줄게요"와 같이 사용자 맥락을 고려한 공감이 담긴 대화를 생성한다.

이와 더불어 공감형 대화 시스템에서는 AI가 페르소나(Persona)를 이해할 수 있도록 설계하는 것도 효과적이다. 공감 대화를 원하는 사용자가 인공지능 페르소나와 지속적인 관계를 형성하려면, 인공지능은 해당 페르소나와 연관된 대화 주제를 활용해 자연스럽고 다채로운 발화를 생성할 수 있어야 한다(신사임 외, 2024). 이러한 기술들이 결합함으로써 공감형 대화 시스템은 인간의 정서적 요구를 충족하는 상호작용 도구로 발전하고 있다.

이제 이러한 공감형 대화 시스템이 적용된 사례를 살펴보자. 다양한 분야에서 인간의 정서적 지원과 사회적 연결을 강화하는 데 기여하고 있는데, 대표적인 활용 사례로는 독거노인을 위한 AI 동반자[예: 일본의 파로(PARO), 미국의 엘리큐(ElliQ)]를 들 수 있다. 이 시스템은 음성 인식 기술과 감정 분석 알고리즘을 활용해 사용자에게 정서적 안정감을 제공하며, 고립감을 완화하는 데 도움을 준 사례다. 이뿐 아니라 일상생활에서 가벼운 대화를 수행하는 '심심이'를 비롯해 최근 출시된 정신건강 의료기기인 '공감이'와 심리 상담용 키오스크인 '위로미' 등은 대표적인 공감형 대화 모델이라 할 수 있다. 이러한 심리 상담 AI는 우울증과 스트레스 등을 겪는 사용자들에게 맞춤형 대화를 지원해 감정적 지지를 제공하고 있다. 또한 고인의 음성과 대화 습관을 디지털로 복원해 가족들에게 감정적 위로와 소중한 기억을 다시 느끼게 해 주는 이른바 '데드봇(deadbots)'과 같은 챗봇도, 윤리적 및 법적으로 해결해야 할 부분은 있겠지만, 관련된 서비스로 볼 수 있겠다.

공감형 AI는 문화적 배경에 따라 동일한 표현도 다르게 해석될 수 있음을 고려해야 한다. 예를 들어 한국어의 "고생했어요"라는 표현은 상대를 위로하고 격려하는 의미를 가지지만, 이를 문자 그대로 번역해 "You worked really hard"라고 하면 영어 화자에게는 사실 전달로만 들릴 수 있다. 반면 영어에서는 같은 의미를 전달하기 위해 "You put so much effort into it" 또는 "Thank you for your effort"와 같이 상대의 감정을 헤아리는 방식으로 표현하는 것이 더 자연스럽다. 이처럼 효과적인 공감적 소통이 이루어지기 위해서는 각 문화에서 공감을 표현하는 방식이 반영될 수 있어야 한다(Prabhakaran et al., 2022).

이와 같은 공감형 대화 시스템의 발전을 위해서는 여러 문화와 언어, 그리고 감정 상태를 포괄하는 데이터셋

이 필요하다. 다양한 연령대와 문화적 배경을 가진 사용자 데이터를 수집해 이를 학습 데이터로 활용하면 공감형 대화 시스템은 더 개인화되고 정교한 반응을 제공할 수 있다. 이때 비언어적 신호의 통합은 공감형 AI의 감정적 대응 능력을 향상시키는 핵심 요소다. 음성의 톤, 표정, 제스처와 같은 단서는 공감적 상호작용에서 중요한 역할을 하며, 이를 AI가 학습하고 활용할수록 대화의 질이 향상될 수 있다.

주지할 것은 AI와 인간의 공감 대화 사이에는 본질적인 차이가 있다는 점이다. 인간의 공감은 개인의 경험, 정서적 기억, 그리고 사회적 배경을 토대로 이루어지며, 이는 공감 표현에 진정성을 부여한다. 반면 AI는 알고리즘과 데이터 기반으로 작동하기 때문에 공감의 진정성과 인간적 뉘앙스를 완벽히 재현하기는 어렵다. 다시 말해 현재의 공감형 대화 시스템은 공감의 '흉내'에 머무른다는 점에서 한계가 있다. 사용자는 AI의 반응이 진정한 공감인지, 시나리오에 의한 반응인지 구분할 수 있으며, 이로 인해 신뢰 형성이 어려울 수 있다.

이러한 한계는 AI와의 공감 대화가 사용자에게 미칠 영향을 고려해야 하는 이유가 된다. 특히 AI의 공감이 '흉내'에 머무름에도 불구하고, 사용자는 이를 진정한 공감으로 착각하거나 의존할 가능성이 있다. AI의 감정적 대응이 부족하거나 부적절할 경우, 이는 사용자의 심리 상태에 부정적인 영향을 미칠 수 있으며, 심각한 상황에서는 위험한 결과로 이어질 수도 있다. 실제로 공감형 AI의 활용이 증가하면서 이러한 감정적 대응의 한계와 위험성에 경종을 울리는 사건이 발생한 적이 있다. 2023년 벨기에에서 AI와 대화한 사용자가 자살한 사건은 AI가 심리적 위기에 적절히 대응하지 못했을 때 어떤 치명적인 결과가 발생할 수 있는지를 보여 준다. AI는 감정적으로 취약한 사용자의 부정적인 생각을 무분별하게 받아들이고 부정적인 방향으로 대화를 이끌었다. 이는 AI가 기계적으로 데이터를 기반으로 응답을 생성할 뿐, 복잡한 인간의 감정적 맥락을 이해하거나 적절히 대응할 능력이 없음을 드러낸 사례다.

이러한 문제를 해결하기 위해서는 AI가 심리적 위기 상황을 탐지하고 적절한 대응을 할 수 있도록 설계되어야 한다. 예를 들어 AI가 사용자의 언어적·비언어적 신호를 분석해 심리적 위험을 감지하고, 즉각적인 심리적 지지 메시지를 제공하거나, 필요할 경우 전문가와 연결할 수 있는 기능이 필요하다. 요컨대 AI는 공감을 흉내내는 것만이 아니라, 인간의 감정을 세심하게 이해하고 배려하는 방향으로 발전해야 한다. 이에 따라 공감형 AI의 윤리적 문제도 주요한 논의 대상이 되고 있다. 공감 기술이 윤리적으로 활용되기 위해서는 명확한 가이드라인과 규제가 필요하다.

공감적 대화는 인간-기계 관계의 본질을 근본적으로 변화시키고 있다. 과거의 AI는 단순히 명령을 처리하거나 정보를 제공하는 도구로 여겨졌지만, 공감적 대화에서는 AI를 인간의 정서를 이해하고 반응할 수 있는 상호작용의 주체로서 재정의하고자 한다. AI가 사용자 감정을 분석하고 적절히 공감하는 방식으로 반응함으로써, 사용자는 기술적 인터페이스가 아닌 정서적 지지를 제공하는 동반자로 AI를 인식하게 된다. 이는 특히 심리적 지원, 상담, 일상 대화에서 인간과 AI 간의 신뢰와 친밀감을 형성하는 데 중요한 역할을 하며, 인간-기계 관계를 더욱 유대감 있는 협력 관계로 진화시킨다.

한편 공감적 대화를 구현하는 AI는 인간-인간 관계의 대화에도 중요한 영향을 미치고 있다. AI를 통해 공감의 기술을 경험한 사람들은 공감적 듣기, 적절한 반응, 그리고 대화 상대에 대한 정서적 이해의 중요성을 더욱 자각하게 될 수 있다. AI와의 대화를 통해 학습된 공감의 기술이 인간 대화에서도 적용되어 대화의 질을 높이는 긍정적 효과를 낳게 된다는 것이다. 그러나 이와 동시에, AI가 제공하는 공감적 대화에 지나치게 의존하게 되면 인간 간의 대화가 줄어들거나, 인간적 공감이 기계적 반응과 비교되어 상대적으로 약화되는 위험도 존재한다. 따라서 AI의 공감적 대화는 인간관계의 개선 가능성을 열어 주면서도, 기술 의존과 균형을 유지하는 새로운 대화 윤리가 필요함을 시사한다.

이처럼 공감형 대화 시스템은 정서적 지원과 사회적 연결을 통해 인간 삶의 질을 향상시키는 데 기여할 수 있다. 그러나 AI는 인간의 감정을 완전히 이해하는 것이 아니라 공감을 효과적으로 전달하는 보조적 도구로 기능해야 한다. 따라서 공감형 AI는 인간 간의 상호작용을 대체하는 것이 아니라 인간성과 기술이 조화를 이루는 방식으로 발전해야 하며, 감정적 대응의 한계를 보완하는 방향으로 지속적인 연구와 개선이 이루어져야 한다.

참고문헌

김미래 외(2023). 우울 증상 완화를 위한 공감형 챗봇 개발에 관한 연구. ≪한국정보통신학회논문지≫, 27(5), 611-619.

방준성 · 황명하(2024). 대화형 봇을 위한 감정 이해 기술 동향. ≪정보과학회지≫, 42(1), 34-41.

비팅팅 외(2024). AI 부활 기술에 대한 대중의 반응: 감정적 분석

연구. ≪Proceedings of KIIT Conference≫, 2024(11), 546-549.
신사임 외(2024). 몰입도 극대화를 위한 공감 대화 연구 현황. ≪정보과학회지≫, 42(1), 9-14.
이혜인 외(2024), AI 챗봇 기술을 활용한 심리상담 서비스의 기술적 한계점 분석. ≪한국정보통신학회 학술대회논문집≫, 31(1), 875-877.
장지혜 · 주다영(2019). 인공지능 스피커의 정서별 감정발화에 따른 사용성 평가. ≪한국HCI학회 학술대회≫, 2019, 705-712.
정재헌 외(2020). 고령자 맞춤 능동적 상호작용의 AI스피커 개발. ≪한국전자통신학회 논문집≫, 15(6), 1223-1229.
천현득(2017). 인공 지능에서 인공 감정으로: 감정을 가진 기계는 실현가능한가?. ≪철학≫, 131, 217-243.
Cowie, R., et al.(2001). Emotion recognition in human-computer interaction. *IEEE Signal Processing Magazine, 18*(1), 32-80. https://doi.org/10.1109/79.911197
Poria, S., et al.(2019). Emotion recognition in conversation: Research challenges, datasets, and recent advances. *IEEE Access*, 7, 100943-100953. https://doi.org/10.1109/ACCESS.2019.2929050
Prabhakaran, V., et al.(2022). Cultural incongruencies in artificial intelligence. https://doi.org/10.48550/arXiv.2211.13069
Prendinger, H., & Ishizuka, M.(2005). The empathic companion: A character-based interface that addresses users' affective states. *Applied Artificial Intelligence, 19*(3-4), 267-285. https://doi.org/10.1080/08839510590910174
Picard, R. W.(1997). *Affective computing*. MIT Press.
Turkle, S.(2011). *Alone together: Why we expect more from technology and less from each other*. Basic Books.

닥터송. http://nexv.co.kr/
심심이. https://o.simsimi.com/

06
과업 수행을 위한 AI와의 대화

사용자의 의도를 이해하고 맥락을 반영할 수 있는 AI와의 대화는 과업 수행을 효율적으로 지원하는 협업 파트너로 기능하며, 문제 해결과 생산성 향상에 기여한다.

AI와의 대화: 과업 효율성 향상

AI와의 대화는 인간이 정보를 탐색하고 문제를 해결하는 방식을 변화시키며, 특정 업무 생산성과 효율성을 높이는 데 중요한 역할을 한다. 특히 생성형 AI는 인간과 협력해 과업을 수행하는 과정에서 단편적인 지식 전달자로서의 기능을 뛰어넘어 중요한 조력자로서 역할을 수행할 수 있다. 예를 들어 사용자가 "오늘 날씨를 알려줘"와 같은 단순한 요청을 할 수도 있지만, "다음 주 회의를 위해 지금까지 조사한 자료를 정리해서 요약된 형태로 만들어 줘"와 같은 복잡한 작업을 요청할 수도 있다. 이러한 복잡한 작업에 대해 AI는 필요한 자료를 검색하고 정리해 효율적인 결과물을 제공할 수 있다.

기존 키워드 검색 방식에서는 사용자가 직접 검색어를 입력하고 원하는 정보를 찾아야 했으며, 결과를 해석해 필요한 내용을 정리하는 과정도 직접 수행해야 했다. 반면 챗지피티를 비롯한 생성형 AI는 대화를 통해, 즉 인간의 일상적인 자연어로 질문을 하면 AI는 이를 이해하고 맥락을 분석해 적절한 형태로 가공해서 답변을 제공한다. 이러한 변화는 우리가 살아가는 시대가 이른바 검색의 시대를 탈피해 대화형 AI와 상호작용을 통해 과업이 수행되는 지적 혁명의 시대로 나아가는 전환점에 있음을 의미한다.

이는 정보의 접근 및 소비 방식뿐만 아니라 인간과 기술이 상호작용하는 인터페이스의 구조적 변화를 동반하고 있다. 키워드 검색을 통해 정보를 찾는 방식에서 벗어나 AI와 대화를 통해 필요한 지식을 탐색하고, 실시간 피드백을 받으며, 맥락에 맞게 정보를 조정하는 형태로 정보 및 지식에 대한 접근 방식이 진화하고 있다. 즉 사용자가 정보를 능동적으로 찾아야 했던 기존 방식과 달리 AI가 맥락을 이해하고 적절한 정보를 제공하는 새로운 지적 환경이 조성되고 있는 것이다.

예를 들어 어제 날씨와 비교하고 싶은 경우, 검색 시스템에서는 사용자가 원하는 키워드인 '날씨'를 입력하고, 제공되는 정보 가운데 어제의 날씨를 찾고, 이후 오늘 날씨를 찾아 각각의 온도를 비교해 상대적으로 어느 정도인지를 파악해야 했다. 즉 고정된 정보를 제공받고, 원하는 추가 정보가 있을 경우 다시 검색해야 한다. 날씨 정보 자체는 정확하지만, 의도와 맥락을 고려한 맞춤형 답을 찾기 위해서는 사용자가 이 과정을 직접 거치고 조정해야 하는 것이다.

이에 비해 생성형 AI는 사용자의 질문 의도를 분석해 맥락에 맞는 방식으로 답변을 생성해 준다. "오늘 날씨

어때? 어제보다 추워?"라고 일상적인 자연어를 입력하면, 기본적인 정보에 더해 맥락을 반영한 맞춤형 답변을 제공한다. 거기에 다음과 같은 추가적인 설명까지 포함된 풍성한 답변을 제공한다.

"오늘 기온은 10°C로, 어제보다 2°C 낮아 조금 더 쌀쌀하게 느껴질 수 있어요. 특히 바람이 불어서 체감 온도는 더 낮을 수 있으니 따뜻하게 입는 게 좋겠어요. 바람이 계속 불 예정이니 야외 활동은 다음에 하시는 걸 추천합니다."

이처럼 생성형 AI는 정형화된 정보만을 제공하는 것이 아니라, 사용자의 의도를 파악해 요구되는 체감 온도와 추천 사항까지 반영된 추가 정보를 제공할 수 있다. 사용자의 필요와 상황에 맞는 정보로 구성해 생성해 내는 것이다. 이전에는 적절한 검색 결과를 찾아 이를 분석하고 해석하는 능력에 따라 지식에 대한 접근이 좌우되는 방식이 중심이 되었지만, 이제 사용자는 일상에서 쓰는 언어를 그저 입력하기만 하면 된다. 심지어 입력이 불완전하고 정확하지 않은 경우에도 AI는 그 의미를 추론해 의도와 맥락을 찾아내고, 사용자가 요구하는 형태로 개인화된 답변을 제공해 줄 수 있다. 마치 주문을 외우면

소원을 들어주는 램프의 요정 지니(Genie of the Lamp)처럼, 생성형 AI에게 원하는 바를 말하기만 하면 AI는 우리의 요구를 이해하고 필요한 정보를 찾아 원하는 지식의 형태로 순식간에 가공해 대령해 준다.

요컨대 AI는 과업 수행의 효율성을 높이는 도구로서 기존 검색 방식의 한계를 보완하고 있으며, 무엇보다도 대화로 상호작용할 수 있어 사용자에게 직관적이고 효과적으로 정보를 활용할 수 있는 환경을 조성하고 있다.

AI와의 협업적 대화: 새로운 작업 방식

대화형 AI는 사용자의 명령을 해석하고 적절한 응답을 생성하기 위해 자연어 처리, 머신러닝, 딥러닝 등의 기술을 활용한다. 특히 대규모 언어 모델(LLM)은 방대한 데이터를 학습해 인간의 언어 패턴을 이해하고, 보다 자연스럽고 정교한 대화를 가능하게 한다. 과거의 대화형 AI 시스템(예: 규칙 기반 챗봇, 태스크 중심 챗봇)은 고정된 단계적 프로세스를 따랐는데, 일반적으로 의도 인식(Intent Recognition), 모호성 해소/필수 정보 수집(Disambiguation/Slot Filling), 응답 생성(Response Generation)이라는 세 가지 주요 절차를 기반으로 작동했다.

과거 대화형 챗봇은 명령을 분석한 후 미리 정의된 범주에 맞춰 응답을 제공하는 시나리오 방식으로 운영되었다. 이에 비해 최신 생성형 AI(GPT-4o, Gemini 등)는 입력된 문맥에서 의미를 추론하고 확률적 방식으로 가장 적절한 응답을 생성하는 방향으로 작동한다. 즉 사전에 정해진 의도 인식(Intent Recognition) 단계를 거치지 않고도 대규모 데이터 학습을 통해 확률적으로 가장 적절한 응답을 도출할 수 있다. 또한 사용자의 입력이 모호할 경우 후속 질문을 통해 의미를 명확히 하거나 기존 대화의 맥락을 통해 적절한 해석을 제공하는 방식으로 대응이 가능하다.

또한 생성형 AI는 사용자의 요구에 맞는 결과물을 생성할 수 있는데, 이 과정에서 자연어 생성(NLG, Natural Language Generation) 기술이 핵심적인 역할을 한다. 예를 들어 사용자가 "최근 인공지능 기술의 발전 동향을 정리해 줘"라고 요청하면, AI는 자연어 생성 기술을 바탕으로 방대한 데이터를 분석한 후 간결하고 핵심적인 보고서를 생산해 낼 수 있다.

이처럼 기존 대화형 AI 시스템이 정형화된 단계적 프로세스를 기반으로 작동했던 것과 달리, 최신 생성형 AI는 맥락을 반영한 자연스러운 해석과 응답 생성 방식으로 작동한다. 이때 무엇보다 중요한 점은 바로 일상적인 자연어를 통해서 AI와 상호작용이 가능하다는 사실이다. 다시 말해 특별한 프로그램 언어를 알지 못해도 AI를 활용할 수 있게 됨으로써 AI 사용에 대한 진입 장벽은 획기적으로 낮아졌다. 누구나 자신의 일상어로 AI를 사용할 수 있다는 것은, 과거 스마트폰의 보급이 일상화된 것처럼 AI 활용의 접근성을 획기적으로 높인 혁신적인 변화라 할 수 있다. 이처럼 AI 기술은 보다 인간 중심적이고 친화적인 방향으로 발전하고 있다.

이제 사람들이 AI와 함께 일하는 시대가 되었다. AI와 협업을 한다거나 같이 작업을 하고 있다는 표현이 어색하지 않은 시대가 된 것이다. 과거의 AI는 주어진 질문에 대한 일방적인 답변을 제공하는 방식이었다면, 현재는 사용자의 목표를 이해하고 실시간 피드백을 반영하며, 맥락이 고려된 맞춤형 결과를 생성하는 방식으로 진화하고 있기 때문이다. 이러한 변화는 AI를 기계적인 도구가 아니라 생산성과 문제 해결을 지원하는 협력적 동반자로 자리매김하도록 만들었다.

AI는 사용자의 목표를 중심으로 작업을 수행하며, 단계적으로 결과를 보완하고 발전시키는 방식으로 협업한다. 예를 들어 사용자가 "이번 프로젝트 제안서를 검토하고 주요 개선점을 정리해 줘"라고 요청하면, AI는 문서를 분석해 논리적 흐름, 문장 표현, 주요 수정 사항을 정리한 피드백을 제공한다. 이후 사용자가 "좀 더 간결하게 요약해 줘" 또는 "구체적인 예시를 추가해 줘"라고 추가 요청을 하면 AI는 이에 맞춰 내용을 조정해 사용자가 원하는 맞춤형 피드백을 제공할 수 있다.

또한 AI는 사용자의 과거 대화 기록과 현재 맥락을 반영해 지속적으로 협업을 수행할 수도 있다. 예를 들어 "방금 요약한 자료와 새로 작성한 자료를 비교해 차이를 알려 줘"라고 요청하면, 많은 경우 이전 자료를 다시 입력하지 않아도 두 버전의 문서를 비교해 추가되거나 수정된 내용을 정리하고 차이점을 분석해 줄 수 있다.

이러한 방식으로 AI와 협업을 수행할 때 무엇보다 중요한 것이 바로 비판적 사고로 검토하는 과정이 병행되어야 한다는 것이다. AI는 사용자의 의도를 완벽히 이해하지 못하거나, 혹은 부정확한 데이터를 기반으로 편향된 분석이나 오류를 양산할 수 있다. 따라서 AI를 효과적으로 활용하려면 AI가 생산한 결과에 대한 무조건적인 수용을 지양하고 비판적으로 검토하는 과정을 필수적으로 거쳐야 한다.

이처럼 AI와의 협업적 대화는 단순한 자동화가 아니

라 인간과 AI가 함께 최적의 해결책을 모색하는 방식으로 발전하고 있다. AI가 명령 수행자가 아닌 협업 파트너로서 역할을 수행할 수 있도록 인간은 능동적으로 문제 해결 과정을 주도하며 비판적인 태도로 AI와의 대화를 이어 나가야 한다.

참고문헌

이지용(2024). 인공지능 시대의 한국어 의미 교육: AI 챗봇, 챗봇 빌더, 생성형 AI를 중심으로. ≪한국어 의미학≫, 84, 59-92.

정용균(2020). 『인공지능과 인간의 협업 시대가 왔다: 직업의 미래와 인공지능 시대 생존 전략』. 율곡출판사.

정진경 외(2022). 챗봇 빌더를 활용한 한국어교육용 챗봇 설계 연구. ≪한국언어문화학≫, 19(3), 405-441.

헨리 키신저 외(2021). 김고명 옮김(2023). 『AI 이후의 세계: 챗GPT는 시작일 뿐이다, 세계질서 대전환에 대비하라』. 윌북.

07
상호 문화적 소통을 위한 AI와의 대화

생성형 AI의 등장으로 고도화된 통번역 기술은 문화적 맥락과 의미를 세밀하게 반영함으로써 상호 문화적 소통을 확장하는 방향으로 발전해야 한다.

AI 기반 통번역 기술

인류는 오랫동안 언어를 통해 소통하며 문명을 발전시켜 왔지만, 동시에 언어의 차이는 상호 이해와 협력을 가로막는 장애물이 되기도 했다. 성경의 바벨탑 이야기는 이러한 언어의 양면성을 상징적으로 보여 준다. 창세기에 따르면, 하나의 언어를 사용했던 인류가 하늘에 닿도록 탑을 쌓으려 하자 신이 그들의 언어를 혼란스럽게 만들어 서로를 이해하지 못하게 했다. 이 이야기는 언어를 통한 상호 이해가 공동체 형성과 협력의 필수 요소임을 시사하고 있다.

현대 사회에서는 이러한 언어 장벽을 극복하기 위해 다양한 기술이 개발되고 있으며, AI 통번역은 그중에서도 가장 획기적인 혁신 가운데 하나로 평가된다. 글로벌 기업, 국제 협력 기구, 학술 교류, 그리고 일상 대화에서 AI 통번역 기술은 이제 적극적으로 활용되고 있다. 글로벌 기업들은 앞다투어 AI 기반 실시간 다국어 통번역 시스템을 적용함으로써 업무의 효율성을 극대화하고 있다 (Business Research Insights, 2024).

AI 통번역 기술이 정교해질수록, 다양한 산업에서 더욱 폭넓게 활용될 것으로 기대된다. 단어와 문장 차원의 단순한 텍스트 변환을 넘어 음성 인식, 자연어 처리, 맥락 이해 등, 총체적 언어 이해와 생성 측면에서 강화된 형태로 기술이 급진적으로 진화하고 있기 때문이다. 그러나 이 같은 기술적 발전에도 불구하고 AI 통번역이 인간 언어의 장벽을 완전히 해소할 수 있을지에 대해서는 여전히 논쟁의 여지가 있다. 의사소통 상황의 맥락, 언어가 내포하는 의미, 실제 의미적 기능과 사회문화적 요소가 반영되어야 하는 경우에는 여전히 AI 통번역 기술의 한계가 뚜렷하게 드러난다.

통번역은 번역(Translation)과 통역(Interpretation)으로 구성되지만, 기술 발전 과정에서는 번역이 먼저 이루어졌으므로 번역 기술을 중심으로 발전 과정을 살펴보겠다. 기계 번역(Machine Translation, MT) 기술은 '규칙 기반 기계 번역(RBMT, Rule-Based Machine Translation)'에서 '통계 기반 기계 번역(SMT, Statistical Machine Translation)', 그리고 '신경망 기반 기계 번역(NMT, Neural Machine Translation)'으로 각 방식의 기술적 한계를 극복하며 발전해 왔다. 이에 대해 간단히 정리하면 다음과 같다(임정환, 2017).

규칙 기반 기계 번역

1950년대부터 1990년대까지 이루어진 주요 방식으로,

언어학자들이 정의한 문법 규칙과 이중 언어 사전을 활용해 번역을 수행하는 시스템이다. 이 방식은 문법적으로 정확한 번역을 제공할 수 있다는 장점이 있으며, 특히 법률이나 의료와 같이 도메인별 용어가 명확하게 정의된 분야에서 높은 품질을 보일 수 있다. 그러나 언어마다 별도의 규칙을 정의해야 하므로 개발과 유지 보수 비용이 많이 들고, 번역 품질을 개선하려면 많은 규칙을 추가해야 한다는 단점이 있다. 또한 예외적인 표현이나 구어체 번역에는 취약해서 자연스러운 문장을 생성하는 데 한계가 있다.

통계 기반 기계 번역

1990년대부터 2010년대 초반까지의 기계 번역 기술의 주류로, 방대한 양의 이중 언어 말뭉치(Corpus)를 기반으로 단어와 구문 간의 확률적 관계를 분석해 번역을 수행하는 방식이다. 이는 기존 규칙 기반 기계 번역(RBMT)이 언어학적 규칙을 직접 정의해야 했던 것과 달리 대량의 데이터에서 패턴을 학습하는 방식이 중심이 된다.

이 방식의 가장 큰 장점은 규칙을 직접 정의할 필요 없이 번역 모델을 자동으로 생성할 수 있다는 점이다. 대량의 번역 데이터를 활용해 번역 품질을 지속적으로 개선할 수 있으며, 말뭉치의 크기가 증가할수록 번역 성능이 향상되는 특징이 있다. 그러나 SMT는 문맥을 충분히 이해하지 못하는 한계를 가지고 있다. 단어와 문장을 확률적으로 매칭하는 방식이기 때문에 원문의 문맥을 고려하지 않은 부자연스러운 번역이 자주 발생했다. 또한 SMT 시스템이 정확한 번역을 수행하려면 대량의 훈련 데이터가 필수적이므로, 데이터가 부족한 언어에서는 품질이 저하되는 문제가 있었다.

신경망 기반 기계 번역

2014년 이후 등장한 신경망 기반 기계 번역(NMT)은 딥러닝(Deep Learning) 기술을 활용해 문장을 하나의 단위로 인식하고 번역하는 방식이다. 이전의 규칙 기반 번역(RBMT)과 통계 기반 번역(SMT)이 단어나 구문을 중심으로 번역을 수행한 것과 달리 NMT는 문장 전체의 맥락을 고려해 보다 자연스러운 번역을 생성하는 것이 가능하다.

NMT의 핵심적인 차별점은 문맥을 정교하게 분석하고 보다 유창한 문장을 생성할 수 있다는 점으로, 이전보다 문장 구조와 의미를 더 효과적으로 반영할 수 있다. 또한 번역 스타일까지 조정할 수 있어 문체의 일관성을 유지하는 데 유리하다. 그러나 대량의 데이터와 높은 연산 비용이 필요하다는 단점이 있으며, 충분한 양의 학습 데이터를 확보하지 못한 경우 번역의 질이 저하될 수 있고 훈련된 데이터에 따라 번역 결과가 편향(Bias)을 가질 가능성이 있다. 이는 AI가 특정 문화적, 사회적 맥락을 잘못 반영할 수도 있음을 의미한다.

대표적인 NMT 기반 시스템으로는 2016년 이후 NMT를 적용한 구글 번역(Google Translate)이 있는데, 기존 SMT 모델을 대체해 번역 품질을 획기적으로 개선했다. NMT는 기계 번역의 주류 기술로 자리 잡았으며, AI 기술의 발전과 함께 지속적으로 개선되고 있다. 현재 생성형 AI 및 대규모 언어 모델(LLM, Large Language Models)과 결합한 번역 기술이 등장하면서 더욱 정밀한 번역과 맞춤형 번역이 가능해질 것으로 기대된다.

이처럼 AI 번역 기술은 문맥을 반영하고 의미를 더 정교하게 분석하는 방향으로 발전해 나가고 있다. 그러나 이러한 발전에도 불구하고 여전히 보완해야 할 점이 존재한다. AI 번역 기술은 억양(Intonation), 몸짓(Gestures)과 같은 비언어적 요소(Non-verbal elements), 그리고 감정(Emotion)과 같은 정서적 표현을 완벽하게 반영하지 못한다. 인간의 대화에서 중요한 의미를 갖는 이러한 요소들이 번역 과정에서 누락될 가능성이 있으며, 이는 특히 감정적 표현이나 문화적 뉘앙스가 중요한 문장에서 더욱 문제가 될 수 있다. 또한 화자의 의도나 태도에 따라서 동일한 문장이 맥락(Context)에 따라 다른 의미로 해석될 수 있지만 현재의 AI 번역 모델은 이러한 맥락 차이를 충분히 반영하지 못하는 경우가 많다.

다행히도 이러한 한계를 극복하기 위해 멀티모달(Multimodal) AI 기술이 발전하고 있다. 멀티모달 AI는 텍스트뿐만 아니라 음성, 영상, 제스처, 표정 등의 다양한 입력 데이터를 종합적으로 분석해 정밀한 번역을 수행할 수 있도록 돕는다. 이러한 멀티모달 기술은 앞으로 실시간 화상회의 번역, 자동 자막 생성, 감정 분석을 포함한 번역 기술을 통해 지속적으로 발전하며 번역의 품질을 결정짓는 핵심적인 역할을 할 것으로 기대된다.

AI 번역은 문화적 맥락과 상황적 의미 해석에 관해서도 지속적으로 보완되어야 한다. 예를 들어 한국어에서 "잘했다!"라는 표현은 맥락에 따라 칭찬일 수도 있고 반어적 비판일 수도 있는데, 이러한 사회문화적 맥락을 충분히 반영해 번역이 수행되어야 할 것이다. 또한 AI 번역 모델이 학습하는 데이터의 언어적 편향(Language Bias)

문제도 해결해야 할 중요한 과제다. AI는 주어진 데이터에서 학습된 패턴을 따르기 때문에, 특정 언어나 문화권의 표현이 왜곡되거나 지나치게 강조될 가능성이 있다. 의사(doctor)를 번역할 때는 남성 대명사(he)를, 간호사(nurse)를 번역할 때는 여성 대명사(she)를 자동으로 할당하는 번역 결과를 예로 들 수 있다. 이는 번역 모델이 직업군을 자동으로 성별화함으로써 성 편향적인 결과를 초래할 수 있음을 보여 주는 사례로, 사회문화적 고정관념이 번역 결과에 반영될 수 있음을 의미한다(Prates et al., 2020).

따라서 AI 번역 기술이 더욱 발전하기 위해서는 단순히 더 많은 데이터를 학습하는 것이 아니라 다양한 문화권의 데이터를 균형 있게 반영하고 편향을 최소화할 수 있도록 알고리즘을 조정하는 과정이 필요하다. 또한 사용자 피드백을 통해 번역 결과를 지속적으로 평가하고 개선해 나가야 할 것이다. 앞으로 AI 번역이 얼마나 정밀하게 발전하느냐에 따라 글로벌 소통 방식 또한 크게 변화할 것으로 예상된다.

AI와 상호 문화적 이해의 확장

AI 번역 기술의 발전은 인간의 의사소통을 보완하는 데 중요한 역할을 하고 있다. 특히 AI와의 대화는 인간과 기계 간 상호작용을 넘어 통번역 기술을 통한 인간 간 소통의 매개로 작용하고 있다. AI 번역 시스템은 서로 다른 언어와 문화를 가진 사람들이 원활하게 소통할 수 있도록 돕고 있으며, 이를 통해 AI는 상호 문화적 대화를 촉진하는 중요한 도구로서 그 역할을 확대해 나가고 있다.

상호 문화적 의사소통이란, 상호작용 속에서 언어를 통해 상황을 구성해 나가는 것으로, 언어에 대한 미시적 시각을 기반으로 다각적으로 문화를 바라보는 관점을 중심으로 한다(유수연, 2015). 이는 다양한 문화권에서 각기 다르게 발생하는 언어에 대한 인식이 세계에 대한 경험을 다르게 할 수 있다는 워프(Whorf, 1956)의 견해를 반영하고 있다.

따라서 AI 번역이 각기 다른 세계관을 바탕으로 하고 있는 언어에 대한 상호 문화적 이해를 매개하기 위해서는 기계적인 언어 치환을 넘어 문화적 의미를 조정하고 해석하는 기능을 수행해야 한다. 이를 위해 AI 번역이 상호 문화적 소통을 효과적으로 지원할 수 있도록 하는 주요 발전 방향을 다음과 같이 제시하고자 한다.

첫째, AI는 언어에 내재된 문화적 관용 표현과 은유적 의미를 이해하고 이를 적절히 해석할 수 있도록, 다양한 언어의 문화 지식 기반을 학습하는 방향으로 발전해야 한다. 예를 들어 영어의 'Break a leg'는 문자 그대로 번역하면 '다리를 부러뜨려라'라는 뜻이지만, AI는 맥락을 분석해 이를 '행운을 빌어요'로 변환할 수 있어야 한다. 이와 같은 관점으로 리 외의 연구(Li et al., 2023)에서는 AI 번역 모델이 관용구 번역에서 겪는 한계를 극복하기 위해 다국어 관용구 지식 베이스의 역할을 강조하고 있다. 기존 번역 모델들은 관용구를 문자 그대로 번역하는 경향이 있어 의미 전달이 정확하지 않았다는 것이다. 영어의 'Bite the bullet'을 문자 그대로 번역하면 '총알을 물어라'가 되지만, 실제 의미는 '고통을 감수하고 참다'에 가깝다. 이러한 문제를 해결하기 위해 AI는 표면적 문자 치환을 넘어 상호 문화적 요소를 반영할 수 있도록 지속적으로 학습해 다양한 언어의 문화적 맥락을 이해함으로써 보다 자연스럽고 정확한 번역을 제공할 수 있어야 한다.

둘째, AI는 번역 수용자의 언어적 배경과 문화적 기대를 고려해, 사회적 맥락 속에서 사용되는 표현이 적절한 화용 기능을 수행하도록 조정된 번역을 생성해야 한다. 단어 대 단어를 기계적으로 변환하는 것이 아니라, 언어 사용의 '화용적 기능'을 고려해 그 맥락에 맞는 기능을 수행하도록 번역해야 한다는 것이다. 예를 들어 한국어 화자가 "식사하셨어요?"라고 말할 때, 이는 단순히 상대방의 식사 여부를 묻는 것이 아니다. 한국 사회에서 이 표현은 사회적 친밀감과 배려를 표현하는 화용적 상투 표현(Formulaic Expression with Pragmatic Function)에 해당한다. 따라서 AI가 이를 문자 그대로 "Did you eat?"이라고 번역하면 의미 전달에 문제가 발생한다. 이 표현은 영어권 화자가 더 자연스럽게 받아들일 수 있는 "How was your meal?" 또는 "Did you have a good lunch?"과 같은 방식으로 변환할 필요가 있다.

셋째, AI 번역은 피드백 학습을 통해 문화적 적절성을 지속적으로 개선해 나가야 한다. 사용자가 번역 결과를 수정하거나 보완하면 AI는 이를 학습해 향후 유사한 문맥에서 더 정교한 번역을 제공할 수 있어야 한다. 예를 들어 한국어의 '당신'을 영어로 번역할 때, 단순히 'you'를 선택하는 것이 아니라, 존칭이 필요한 경우에는 'Mr./Ms.'를 사용하고, 친밀한 관계에서는 이름을 직접 부르는 등, 해당 문화권의 언어적이고 사회적인 맥락을 반영하는 방식으로 개선될 수 있어야 한다. AI는 이러한 피드백을 학습하고 다음 번역에서는 더 적절한 표현을 선택할 수 있어야 한다.

이와 같이 AI 번역은 문화 간 의미를 조정하고 해당 문화에 적합한 표현으로 해석할 수 있어야 한다. 특히 생성형 AI의 번역 프롬프트는 이 과정에서 문화적 차이를 조정하고 맥락을 반영해 의미를 조율해 나가는 중요한 역할을 수행할 수 있다(이지용, 2025). 생성형 AI를 활용한 번역은, 사용자가 AI와 대화를 나누며 번역의 맥락을 조정하고 AI는 이를 학습해 보다 자연스럽고 문화적으로 적절한 표현을 제공하는 '역동적 대화의 과정'이다. 이러한 AI와의 협력적 대화를 통해, AI가 상호 문화적 소통을 위한 대화 파트너이자 조력자로 기능하는 시대를 맞이할 수 있을 것이다.

참고문헌

유수연(2015). 『언어, 문화, 상호문화 의사소통』. 한국문화사.

이지용(2022a). 한국어 관용구의 기계 번역 양상 연구:{'마음'+서술어} 형태를 중심으로. ≪한국어 의미학≫, 78, 59-88.

이지용(2022b). 한국어 원인·이유 연결형 문법 표현의 기계 번역 양상: 카카오아이, 구글, 파파고 번역기를 중심으로. ≪현대문법연구≫, 115, 207-226.

이지용(2023). AI 번역을 통한 한국어 의미 교육 연구. ≪현대문법연구≫, 120, 79-106.

이지용(2024). 인공지능 시대의 한국어 의미 교육: AI 번역, 챗봇 빌더, 생성형 AI를 중심으로. ≪한국어 의미학≫, 84, 59-92.

이지용(2025), 상호문화적 관점을 반영한 AI 번역의 프롬프트 구성 방안: 한국어 '환영'과 중국어 '欢迎'을 중심으로, ≪어문학≫, 167, 153-195.

임정환(2017.4.12). 번역 기술 어디까지 왔나… 기계식 번역서 통계식→AI로 진화 거듭, 문화일보, https://www.munhwa.com/news/view.html?no=2017041201032403018001

장애리(2017). 국내 기계 통번역의 발전 현황 분석: 한·중 언어 쌍을 중심으로. ≪번역학연구≫, 18(2), 171-206.

Business Research Insights(2024). AI language translation services market analysis & forecast 2024-2033. Retrieved March 13, 2025, from https://www.businessresearchinsights.com/market-reports/ai-language-translation-services-market-113277

Li, S., et al.(2023). Translate meanings, not just words: IdiomKB's role in optimizing idiomatic translation with language models. *Proceedings of the AAAI Conference on Artificial Intelligence, 38*(17), 18554-18563. https://doi.org/10.1609/aaai.v38i17.29817

Prates, M. O. R., et al.(2020). Assessing gender bias in machine translation: A case study with Google Translate. *Neural Computing and Applications*, 32, 6363-6381. https://doi.org/10.1007/s00521-019-04144-6

Whorf, B. L.(1956). *Language, thought, and reality: Selected writings of Benjamin Lee Whorf.* J. B. Carroll(Ed.). MIT Press.

08
AI와의 대화와 메타 인지적 사고의 강화

AI에게 질문을 던지는 과정에서 인간의 사고가 구조화되며, AI의 답변을 비판적으로 검토하는 과정을 통해 메타 인지적 사고가 강화된다.

질문을 통한 사고 확장과 AI

소크라테스는 왜 묻고 답하기를 통해 사람들의 사고를 이끌어 내려 했을까? 소크라테스는 문답법(問答法, Socratic Method)을 활용해 대화 속에서 상대방의 논리를 점검하고 자기 성찰을 유도했는데, 이는 단순히 정보를 요청하는 표면적 행위가 아니라 사고를 구조화하고 논리를 정교화하는 과정이었다. 상대의 무지를 스스로 깨닫게 하기 위한 것이 소크라테스가 던진 질문이라면, AI에게 던지는 질문은 어떤 역할을 하는가? 이를 살펴보기 위해 학습의 과정에서 제기되는 질문에 대해 살펴보고자 한다.

학습의 과정에서 질문은 하나의 정보 처리 과정 단계로 볼 수 있다(White, 1988). 이는 개념을 이해하고 기억을 확장시키며 반성적 사고를 하는 데 중요한 역할을 한다(Woodward, 1992). 즉 질문이라는 행위를 수행하는 과정에서 이미 알고 있는 영역과 새로운 개념의 영역을 연결하게 되는데, 이 과정에서 기억과 지식의 확장, 그리고 반성적 사고가 수행된다는 것이다. 질문은 사고의 과정을 자극하는 촉매제로서 인간 사고의 가장 본질적인 도구다. 이를 통해 인간은 새로운 아이디어를 모색하고 인지적 불확실성을 해소하며 문제 해결을 위한 탐색적 사고를 촉진한다.

표 8-1. 블룸 체계에 따른 질문(하지성 · 고민삼, 2024 재구성)

단계	개념	질문 예시
기억	단순히 정보를 기억하고 회상한다.	챗지피티와 같은 대형 언어 모델(LLM)은 어떻게 작동하며, 주요 특징은 무엇인가?
이해	개념이나 원리를 설명하거나 의미를 파악한다.	챗지피티는 기존 검색 엔진과 어떤 점에서 다르게 정보를 처리하는가?
적용	배운 개념을 새로운 상황에 활용한다.	챗지피티가 블룸의 교육 목표 분류를 활용하여 질문 예시를 만들어 볼 수 있는가?
분석	개념을 비교하고 구조를 파악한다.	챗지피티와 바드가 정보를 처리하는 방식이 어떻게 다르며, 이 차이가 사용자 경험에 어떤 영향을 미치는가?
평가	기준을 적용해 가치를 판단한다.	챗지피티를 교육 도구로 사용할 때의 장점과 한계는 무엇이며, 학습 효과를 극대화하기 위해 개선할 수 있는 점은 무엇인가?
창조	기존 지식을 바탕으로 새로운 아이디어를 창출하고 대안을 탐색한다.	챗지피티의 기능을 기반으로 학습자를 위한 맞춤형 AI 튜터 시스템을 설계한다면, 어떤 핵심 기능을 포함해야 하는가?

질문의 역할은 블룸의 교육 목표 분류 체계(Bloom's Taxonomy; Bloom, 1956)를 통해 구조적으로 설명될 수 있다. 이 체계에 따라 질문은 '사실적 질문, 이해 질문, 적용 질문, 분석 질문, 종합 질문, 평가 질문'의 여섯 가지 유형으로 분류된다. 그리고 앤더슨과 크래스월(Anderson

& Krathwohl, 2001)의 연구에서는 '평가(Evaluate)'보다 '창조(Create)'를 더 높은 수준으로 배치함으로써 이 체계를 보완하고 창의적 사고의 중요성을 강조했다. 이에 따라, 표 8-1과 같이 질문을 유형화할 수 있다.

생성형 AI와의 대화는 이러한 질문 중심 사고의 역할을 더욱 명확하게 드러낸다. 이전에는 키워드 중심의 정보 검색으로 구조화되지 않은, 그저 정보가 나열되는 방식이었다면, 대형 언어 모델을 기반으로 하는 생성형 AI는 사용자의 질문을 분석하고 대화를 확장하며 사고를 심화하는 방식으로 작동한다(Brown et al., 2020). 이러한 AI와의 질문 중심 대화에서 무엇보다 중요한 것은 '사용자가 AI의 답변을 어떻게 활용하느냐'다. 문제를 해결하는 과정에서, 사용자가 어떠한 질문을 던지는지에 따라 출력되는 답변의 양상이 달라지기 때문이다. 이처럼 정보를 처리하고 지식을 구축하는 방식 자체가 혁신적으로 변화하고 있는 생성형 AI 시대, 질문은 지식을 창조하는 열쇠로 작동한다고 할 수 있겠다.

예를 들어 사용자가 "AI 도입의 이점과 위험은?"이라고 질문하면 AI는 '생산성 향상, 자동화, 비용 절감' 등의 장점과 '윤리적 문제, 일자리 감소, 데이터 프라이버시 위험' 등의 단점을 정리해 줄 것이다. 하지만 AI가 정보를 정리해 준다고 해서 그것이 곧바로 올바른 결론이 되는 것은 아니다. 그러므로 제공된 답변을 바탕으로 다음과 같이 추가 분석이나 관련 자료를 요구함으로써 관련 지식에 대한 사고를 심화하고 확장해 나가야 한다.

추가 질문: "AI가 일자리를 줄인다고 했는데, 모든 산업에서 그런가?"
AI 답변: "일부 산업에서는 자동화로 인해 일자리가 감소할 수 있지만, 새로운 기술이 도입되면서 새로운 직업이 생겨나기도 합니다."
추가 질문: "그러면 AI가 창출하는 새로운 일자리는 기존 일자리를 대체할 수 있을까?"
AI 답변: "완전히 대체하기보다는, 인간이 AI와 협력하며 수행하는 직무가 증가할 가능성이 큽니다."
추가 질문: "그럼 어떤 직무에서 AI와 인간이 협력하는 게 효과적일까?"

이처럼 AI의 답변을 기반으로 새로운 질문을 단계적으로 발전시키면, 단순한 정보 습득이 아니라 사고의 구조화와 논리적 확장이 가능해진다. 중요한 것은 AI가 제공한 답변 자체가 아니라 AI의 답변을 활용해 사용자가 스스로 어떤 단계까지 질문을 발전시키느냐다. 이를 위해 제시해 준 답변의 적용 범위를 확인하거나, 예외적인 상황에 대해서 질문해 보거나, 비교를 통해 차이점을 파악해 보는 등의 전략적 질문으로 논의를 심화해 나갈 수 있겠다.

소크라테스 문답법의 핵심은 질문을 통해 상대방의 사고를 확장하고, 그가 가진 기존 신념을 검토하게 해서 논리적 모순을 발견하도록 하는 것이었다. 그러나 AI가 정보를 제공하면 인간은 그 정보의 맥락을 이해하고 신뢰도를 판단하는 역할을 스스로 자처해야 한다. 따라서 AI가 제공하는 정보를 그대로 받아들이지 말고 AI의 답변을 비판적으로 검토하고 새로운 시각에서 접근하며 인간만이 할 수 있는 창의적이고 도덕적인 판단을 내리는 것이 중요하다. 즉, AI가 방대한 데이터를 기반으로 정리된 일반적인 생각을 말해 주면, 인간은 질문을 통해 그 대화를 심화함으로써 의미를 해석하고 재구성하는 주체가 되어야 한다.

AI의 역할은 사고를 대신하는 것이 아니라 사용자가 더 정교하고 논리적인 질문을 던질 수 있도록 사고를 촉진하는 데 있다. 따라서 AI의 답변을 일방적으로 수용하기보다는 비판적으로 평가하고 재구성하는 과정이 더욱 중요해진다. 특히 AI가 정보를 즉각적으로 제공하는 정보 과잉의 환경에서는 '어떤 질문을 던져야 하는가?'가 사고의 깊이와 지식의 확장 방향을 결정하는 중요한 변수가 된다. 이러한 맥락에서 인간과 AI는 새로운 형태의 문답법을 창출해 내고 있으며, AI가 제공하는 답변은 사용자가 더 깊이 있는 질문을 던질 수 있도록 유도하는 출발점이 되고 있다. 이와 같이 AI와의 질문 중심 대화는 인간의 사유 방식에 변화를 가져오고 있다.

AI 시대의 메타 인지적 사고

이야기를 잘한다는 것은 무엇일까? 내가 이야기를 많이 하는 것일까, 상대의 이야기를 잘 들어 주는 것일까? 결국 서로의 관심사가 같은 부분에서 이야기가 오고 갈 때 우리는 이야기가 재미있다, 혹은 유익하다고 평가한다. AI와의 대화에서도 인간의 대화와 마찬가지로 질문을 통해 이야기를 이어 가야 하는데, 이는 AI를 사용하는 사용자의 역량에 달려 있다. AI가 정보를 즉각적으로 제공하는 현대 사회에서 단순한 정보 습득은 더 이상 내가 가진 힘이 아니다. AI와 함께 살아야 하는 시대는 받은 정보를 평가하고 가공하는 능력이 더욱 중요하다. 이러한 사고 과정의 조정과 성찰을 가능하게 하는 것이 바로 메타 인지적 사고(Metacognition)다. 메타 인지적 사고는 자신의 사고 과정을 성찰하고 조율하는 능력으로, 학습의 효율성을 높이고 문제 해결을 위한 전략적 사고를 가능하게 한다.

생성형 AI는 정보 제공과 함께 사용자의 사고를 점검하고 확장하도록 돕는 도구로 기능한다. 기존 AI 시스템이 사전 정의된 데이터에 기반한 응답을 제공하는 데 그쳤다면, 생성형 AI는 대화 속에서 사용자의 피드백을 반영하고 사고를 촉진하는 방식으로 발전하고 있다. 따라서 본격적인 생성형 AI 시대를 살고 있는 우리에게 메타 인지적 사고 역량의 함양은 이제 필수적 조건이 되었다.

AI와의 대화는 점점 고도화되고 있다. 그러나 AI 자체가 메타 인지적 기능을 수행하는 것이 아니므로, AI를 활용하는 인간의 메타 인지적 역량은 더욱 중요해지고 있다. 예를 들어 사용자가 "이 문제를 해결할 때 더 나은 방법이 있나요?"라고 질문하면, AI는 다양한 접근법을 제시할 수 있다. 하지만 여기에서 중요한 것은 AI의 답변을 그대로 받아들이는 것이 아니라 "이 해결책이 논리적으로 타당한가?", "이 접근법이 맥락에 적절한가?"와 같은 질문을 던지며 사고를 확장하는 과정이다. AI는 사고의 촉진자 역할을 할 수 있지만, 이를 비판적으로 평가하고 적용하는 것은 전적으로 인간의 몫이다.

AI가 제공하는 정보는 방대한 데이터를 기반으로 하지만, 항상 정확하거나 객관적인 것은 아니다. 예를 들어 AI 기반 자동 번역 시스템은 종종 문화적 뉘앙스를 반영하지 못해 잘못된 해석을 제공할 수 있다. 또한 AI 추천 시스템이 사용자의 기존 선호를 기반으로 콘텐츠를 제공함으로써 보고 싶은 것만 보게 만드는 필터 버블(Filter Bubble)을 형성할 가능성도 있다. AI가 특정한 자료에 대한 요약된 정보를 제공할 경우에는, 그 내용이 과장되거나 왜곡된 정보(환각, Hallucination)가 포함될 수도 있다.

따라서 이러한 한계를 인식하고 AI의 답변을 비판적으로 평가하는 것이 필수적이다. AI의 답변을 그대로 수용하는 것이 아니라, 그 논거를 검토하고 정보의 신뢰성과 내용의 타당성을 검토하는 과정은 결국 메타 인지적 사고를 요구한다. 무엇보다도 AI가 데이터를 분석하고 답변을 생성하는 방식이 인간과 다르다는 점에서도 메타 인지적 사고는 필수적이다. 인간이 수행하는 창의적 사고나 윤리적 판단을 AI가 그대로 대체할 수는 없기 때문이다.

메타 인지적 사고를 활성화하기 위해서는 역발상적이

고 개념 전복적인 질문을 활용할 수 있다. 이러한 질문은 AI가 제공하는 정보를 비판적으로 평가하고 대체 가능성을 탐색하는 과정에서 메타 인지적 사고를 촉진할 수 있다. AI는 방대한 데이터와 확률적 패턴을 기반으로 답변을 생성하지만, 기존의 논리적 패턴을 따르는 경우가 많다. 따라서 전형적인 패턴을 벗어난 질문을 통해 새로운 관점을 탐색하거나 기존 사고를 재구성하는 기회를 가질 수 있다.

예를 들어 AI에게 "인류에게 하나의 언어만 존재한다면, 다양성은 어떻게 정의될까?", "문자가 존재하지 않는다면, 지식은 어떻게 축적되고 전승될 수 있을까?", 또는 "죽음이 없다면, '삶'은 여전히 의미를 가질 수 있을까?"와 같은 질문을 던진다면, 기존 논리적 흐름에서 벗어난 답변을 기대할 수 있으며, 이를 평가하고 추가 질문을 생각하는 과정에서 우리의 사고를 유연하게 확장할 수 있다. 또한 AI가 제공하는 답변을 기반으로 "이 답변과 정반대의 입장에서 주장할 수 있는 논리는 무엇인가?", "이 개념을 전혀 다른 분야에 적용하면 어떤 결과가 나올까?" 등의 질문을 시도해 전형적 답변을 뛰어넘는 논의를 유도할 수도 있다.

이러한 방식은 새로운 아이디어를 탐색하고 비판적

사고를 확장하는 우리의 대화 파트너로 AI가 기능할 수 있도록 만드는 중요한 전략이 될 수 있다. AI와의 대화에서 개념 전복적이고 역발상적인 질문을 활용하는 것은 우리 스스로가 전혀 새로운 시각에서 문제를 바라볼 수 있도록 하며, 이는 메타 인지적 사고를 활성화하는 효과적인 방법이 된다.

결국 AI가 발전할수록 인간의 사고 과정은 더욱 세밀해져야 한다. AI가 즉각적으로 풍성한 답변을 제공하는 정보 과잉의 환경에서는, 정보의 소비자가 되기에 앞서 평가자와 조정자가 되어야 한다. AI 시대를 살아가는 우리는 AI의 가능성을 최대한 활용하면서도 과학적 검증과 이성적 판단을 토대로 비판적으로 사고하고 정보의 신뢰성을 평가하는 연습이 필요하다. AI는 자동화 도구가 아니라 우리의 사고를 확장하고 논리를 체계적으로 구성할 수 있도록 돕는 대화의 상대라는 사실을 잊지 말아야 할 것이다.

참고문헌

하지성 · 고민삼(2024). 대형 언어 모델을 활용한 블룸식 교육목표에 따른 질문 수준 분류. ≪한국정보과학회 학술발표논문집≫, 2024(6). 504-506.

Anderson, L. W., & Krathwohl, D. R.(Eds.)(2001). *A taxonomy for learning, teaching, and assessing: A revision of Bloom's taxonomy of educational objectives.* Longman.

Bloom, B. S. (1956). *Taxonomy of educational objectives: The classification of educational goals. Handbook I: Cognitive domain.* Longmans.

Brown, T., et al.(2020). Language models are few-shot learners. *Advances in Neural Information Processing Systems,* 33, 1877-1901. https://arxiv.org/abs/2005.14165

White, R. T.(1998). *Learning science.* Basil Blackwell Ltd.

Woodward, C. S.(1992). Raising and answering questions in primary science: Some considerations. *Evaluation & Research in Education, 6*(1), 145-153.

09
AI 리터러시에서 대화의 역할

AI 리터러시 역량은 프롬프트 설계 능력과 메타 인지적 사고를 바탕으로 AI와의 대화를 효과적으로 운용함으로써 강화될 수 있다.

AI 시대의 필수 역량: AI 리터러시

AI 기술의 발전과 함께 AI와의 상호작용이 일상화되면서 AI를 효과적으로 활용하고 그 한계를 이해하는 능력이 점점 더 중요해지고 있다. 이를 포괄하는 개념이 바로 AI 리터러시(AI Literacy)다. AI 리터러시는 AI의 작동 원리를 이해하고, AI가 제공하는 정보를 비판적으로 평가하며, AI와 협력해 원하는 결과를 도출하는 능력을 포함한다(Long & Magerko, 2020). AI가 의사 결정과 문제 해결의 파트너로 자리 잡고 있는 오늘날 AI 리터러시는 필수적인 역량이 되어 가고 있다.

AI 리터러시는 일반적으로 읽고 쓸 수 있는 능력인 문해력에서 출발해 지식 기반의 디지털 시대가 출현하면서 확장된 디지털 리터러시 개념에서 구체화된 개념이다. AI 기술이 필수적인 사회로 변모해 가는 상황에서, AI가 데이터를 학습하고 결과를 생성하는 방식을 포함해 AI의 한계와 윤리적 문제, 특별히 편향 가능성까지 고려해 비판적으로 판단하고 신중하게 활용할 수 있는 능력이 바로 AI 리터러시를 구성하는 핵심 요소다(Ng et al., 2021).

과거의 검색 엔진이 사용자의 입력에 따라 정적인 정보를 제공했다면, 사용자의 질문을 분석하고 맥락을 반영하는 생성형 AI는 동적으로 응답을 구성해 생성해 낸다. 이 과정에서 AI는 방대한 데이터 세트를 바탕으로 답변을 생성하지만, 정보의 정확성과 신뢰성이 항상 보장되는 것은 아니므로 사용자는 반드시 이에 대해 비판적으로 평가할 수 있어야 한다(Bender et al., 2021).

AI 리터러시는 단순히 AI 기술을 얼마나 잘 이해하는지의 문제가 아니라 윤리적인 측면까지 고려해야 하는 개념이라는 것에 주목할 필요가 있다. AI 리터러시 역량은 AI의 답변을 일방적으로 수용하는 것이 아니라 이에 대해 비판적으로 평가할 수 있는 태도를 중요한 하나의 축으로 삼고 있다. 특히 이러한 비판적 점검의 과정은 AI와의 상호작용 속에서 이루어진다는 점에서 의미가 있다. 검색 엔진과 달리 AI는 사용자의 입력을 분석하고 맥락을 반영해 동적인 응답을 생성하는데, 이에 따라 AI와의 대화 과정 자체가 AI 리터러시 역량을 키우는 중요한 학습 과정이 되는 것이다.

이처럼 AI 리터러시는 비판적 사고와 평가 능력을 포함해 AI 작동 원리의 이해, AI 활용 능력이라는 세 가지 핵심 축을 기반으로 구성되는 개념이다. 이러한 요소들에 대해 더 자세히 알아보자.

지식: AI의 작동 원리의 이해

AI 리터러시의 첫째 핵심 요소는 AI가 데이터를 학습하고 처리하며 결과를 생성하는 기본적인 메커니즘을 이해하는 것이다. 생성형 AI는 대규모 언어 모델을 기반으로 작동하는데, 사용자 입력(프롬프트)에 따라 다양한 응답을 생성한다. AI와의 반복적 대화를 통해 사용자는 AI가 어떤 방식으로 학습하고 응답을 생성하는지를 점진적으로 이해하게 될 것이다. 예를 들어 사용자가 "인공지능이란 무엇인가?"라고 질문했을 때와 "기계 학습과 딥러닝의 차이를 개념과 응용 사례를 들어 설명해 줘"라고 질문했을 때 AI의 응답이 어떻게 달라지는지 비교하는 과정은 AI가 질문의 구체성과 맥락을 어떻게 반영하는지를 직관적으로 이해하는 기회가 된다. 이러한 대화 경험을 통해 사용자는 AI의 정보 처리 방식을 파악하고, 원하는 결과를 얻기 위해 질문을 구체적으로 조정하는 프롬프트 설계 역량을 기를 수 있다.

태도: 비판적 사고와 평가 능력

AI가 생성하는 결과물은 정확하거나 객관적이지 않을 수 있다. 따라서 사용자는 AI의 응답을 비판적으로 평가하고 그 한계와 편향을 인식하며 적절히 활용할 수 있는 판단력을 갖춰야 한다. 이는 메타 인지적 사고와 관계되는데, 이 과정에서 AI와의 대화는 필수적인 도구가 된다. 사용자는 AI의 답변을 그대로 받아들이는 것이 아니라 "이 답변은 어떤 관점을 기반으로 한 것인가?", "다른 견해도 있는가?", "출처나 참고문헌을 제시해 줄 수 있는가?" 등의 추가 질문을 던짐으로써 AI의 정보 제공 방식을 점검하고 평가할 수 있다. 이를 반복하면서 사용자는 AI의 응답을 맹목적으로 수용하는 것이 아니라 비판적으로 분석하고 조정하는 능력을 키울 수 있다. 이러한 대화 과정을 통해 AI 리터러시 역량을 기르게 된다.

기술: AI 활용 역량

AI 리터러시의 마지막 요소는 AI를 효과적으로 활용하는 능력이다. 특히 프롬프트 설계는 AI 리터러시를 실천하는 과정에서 핵심적인 역할을 한다. 프롬프트를 어떻게 구성하느냐에 따라 AI가 제공하는 정보의 질이 크게 달라지기 때문이다. 예를 들어 "음악이란 무엇인가?"처럼 광범위한 질문보다 "클래식 음악과 재즈의 주요 차이점을 음악적 특징과 역사적 배경을 중심으로 설명해 줘"처럼 구체적인 프롬프트를 구성하는 과정에서 사용자는 AI가 더 정밀하고 맥락에 맞게 답변하도록 유도하는 능력을 향상시킬 수 있다.

주지할 것은 AI 리터러시가 기술적 역량만을 의미하는 것이 아니라는 점이다. 이는 인공지능 시대의 사고방식과 대화의 기술로서, 이 시대를 살아가는 우리 모두에게 요구되는 필수적인 능력이다. 이러한 AI 리터러시를 키우는 핵심 요소가 바로 AI와의 대화다. AI를 이해하고 바르고 효과적으로 활용하기 위한 전제 조건이 바로 AI와의 상호작용인 것이다. 이제 그 상호작용이 특정 프로그래밍 언어가 아니라 인간의 언어로 이루어지는 시대가 되었다.

AI와 대화하는 과정에서 우리는 AI의 작동 원리를 파악하고 비판적 사고력을 기르며 이를 효과적으로 활용할 수 있는 질문을 구성하는 능력을 함양할 수 있다. 즉 AI와의 상호작용은 그 자체로 AI 리터러시를 실질적으로 강화하는 역할을 한다. 따라서 AI와의 대화를 기술적 활용 측면에서만 볼 것이 아니라 AI 리터러시를 발전시키는 적극적인 과정으로 인식하고, 대화를 지속적으로 이어 나가야 할 것이다.

생성형 AI와의 대화: 프롬프트

프롬프트(Prompt)는 생성형 AI와의 대화에서 가장 핵심적인 요소로, 사용자가 AI에게 작업을 지시하거나 문제 해결을 요청할 때 입력하는 자연어 명령을 의미한다. 프롬프트는 사용자가 원하는 결과를 AI를 통해 도출하게 하는 중요한 도구다. 특히 생성형 AI는 자연스러운 일상 언어를 기반으로 작동하기 때문에, 기술적 전문 지식 없이도 AI와 원활하게 소통할 수 있는 편의성을 제공한다. 그러나 프롬프트의 구성 방식에 따라 AI가 생성하는 응답의 질이 달라질 수 있다. 구글 클라우드(Google Cloud, n.d.)에 따르면, 효과적인 프롬프트 설계는 AI의 응답 품질을 결정하는 중요한 요소다. 따라서 AI 리터러시를 높이기 위해서는 프롬프트를 전략적으로 설계하는 능력이 필수적이다.

AI 리터러시는 프롬프트를 활용하는 능력과 직접적으로 연결된다. 프롬프트를 전략적으로 설계할 수 있는 사용자는 AI와의 상호작용에서 더욱 높은 수준의 결과를 얻을 수 있으며, 창의적인 활용이 가능하다. 사용자의 목표를 효과적으로 달성하기 위한 프롬프트 설계 과정을 프롬프트 엔지니어링이라고 한다. 이는 AI로부터 원하는 결과를 얻기 위해 프롬프트를 설계하고 최적화하는 과정을 말한다. 프롬프트 설계를 통해 사용자는 AI와의 대화를 명확하게 구조화하고 복잡한 문제를 체계적으로 해결할 수 있다.

효과적인 프롬프트를 설계하려면 몇 가지 핵심 원칙을 고려해야 한다. 이에 대해 챗지피티-4o에게 "효과적인 프롬프트 설계을 위한 원칙을 4가지로, 예를 들어 제시해 줘"라는 프롬프트를 입력한 결과를 다음과 같이 정리해 제시한다.

첫째, 명확하고 구체적으로 작성해야 한다. 모호한 질문은 AI의 혼란을 초래할 수 있으며, 불완전한 답변을 야기할 가능성이 크다.
예) "과학적 사고란 무엇인가?" (너무 광범위함)
"과학적 사고의 주요 특징을 역사적 사례를 들어 설명해 줘."

둘째, 맥락을 제공해야 한다. AI가 보다 정확한 답변을 생성하려면 충분한 배경 정보가 포함된 프롬프트가 필요하다.
예) "경제 성장과 환경 보호의 관계를 설명해 줘." (맥락 부족)
"선진국과 개발도상국의 사례를 비교하며, 경제 성장과 환경 보호가 상충하는 주요 원인을 설명해 줘."

셋째, 페르소나(Persona)를 설정하면 보다 전문적인 답변을 얻을 수 있다. AI에게 특정 역할을 부여하면 답변의 일관성과 전문성이 높아진다.

예) "당신은 기후 변화 전문가입니다. 최근의 탄소 배출 규제 정책을 분석하여, 각국의 대응 전략을 비교해 주세요."

넷째, 퓨샷(Few-shot) 프롬프팅을 활용하면 AI의 응답을 보다 정교하게 조정할 수 있다. AI가 보다 일관된 답변을 제공하도록 하기 위해 몇 가지 예시를 포함하는 방식이다.

예) "아래의 형식으로 요약해 줘.

- 핵심 개념: 인공지능 윤리는 AI의 개발과 활용 과정에서 도덕적 문제를 다루는 분야다.
- 주요 연구 사례: 2018년 구글의 AI 윤리 위원회 설립과 해체 사례가 논란이 되었다.
- 비판적 시각: AI 윤리 원칙은 명확한 기준이 부족해 실질적인 정책에 반영되기 어렵다.

이제, 같은 형식으로 '데이터 프라이버시' 개념을 요약해 줘."

프롬프트는 AI와의 대화를 설계하고 결과를 도출하는 과정에서 핵심적인 역할을 한다. 이러한 프롬프트를 체계적이고 효과적으로 구성하는 방법과 관련된 프롬프트 엔지니어링은 사용자가 AI와 협력해 원하는 결과를 효과적으로 얻을 수 있는 기술적 도구이자 AI 리터러시를 실천적으로 구현하는 과정이다. 프롬프트 엔지니어링을 통해 사용자는 AI의 기능을 더 정교하게 활용할 수 있으며, 이를 바탕으로 AI와의 대화 과정에서 창의적이고 전략적인 사고를 발전시킬 수 있다. 다시 말해 AI와의 대화에서 프롬프트를 전략적으로 설계하고 조정하는 과정 자체가 AI 리터러시의 핵심적 실천이 된다. 이를 통해 사용자는 AI의 작동 원리를 더욱 깊이 이해하고 비판적 사고를 바탕으로 AI의 답변을 평가함으로써 보다 창의적이고 효율적인 방식으로 AI를 활용할 수 있게 될 것이다.

참고문헌

김윤경(2022). AI 리터러시 함양을 위한 국어교육의 탐색: ‘AI기반 융합 혁신 미래교육’을 중심으로. ≪인공지능인문학연구≫, 11, 121-149.

이유미(2021). AI 시대의 리터러시 특성에 관한 연구: AI 리터러시와 관계 리터러시. ≪어문연구≫, 110호, 281-302.

이지용(2024). 인공지능 시대의 한국어 의미 교육: AI 번역, 챗봇 빌더, 생성형 AI를 중심으로. ≪한국어 의미학≫, 84, 59-92.

Bender, E. M., et al.(2021). On the dangers of stochastic parrots: Can language models be too big? *Proceedings of the 2021 ACM Conference on Fairness, Accountability, and Transparency*, 610-623.

https://doi.org/10.1145/3442188.3445922

Brown, T., et al.(2020). Language models are few-shot learners. *Advances in Neural Information Processing Systems*, 33, 1877-1901. https://arxiv.org/abs/2005.14165

Google Cloud.(n.d.). AI를 위한 프롬프트 엔지니어링 가이드. Retrieved March 13, 2025, from https://cloud.google.com/discover/what-is-prompt-engineering?hl=ko

Long, D., & Magerko, B.(2020). What is AI literacy? Competencies and design considerations. *Proceedings of the 2020 CHI Conference on Human Factors in Computing Systems*, 1-16. https://doi.org/10.1145/3313831.3376727

Ng, D. T. K., et al.(2021). Conceptualizing AI literacy: An exploratory review. *Computers and Education: Artificial Intelligence*, 2, 100041. https://doi.org/10.1016/j.caeai.2021.100041

10
AI와의 대화와 인간의 사고: 반영과 변화

AI와의 대화는 인간의 사고방식과 가치관이 반영되는 동시에, 그에 영향을 받아 특정한 방식으로 조정되거나 변화될 수 있는 과정으로, 이에 대한 인간의 비판적 인식과 주체적 태도가 요구된다.

AI는 인간 사고를 어떻게 반영하는가?

AI도 인간처럼 사고를 하는 존재라 할 수 있을까? 대화만을 보면 AI와의 대화는 기술적 산물인 동시에 인간의 언어적 습관, 사고방식, 그리고 사회적 가치관이 투영된 결과물이다. AI가 제공하는 응답은 독립적인 사고를 기반으로 하는 것이 아니라 인간이 입력한 방대한 데이터를 학습한 결과로 생성된다. 따라서 AI가 형성하는 언어적 패턴과 의미 구조는 인간 사회의 문화적 특성과 사회적 편향을 반영할 가능성이 크다. AI는 인간과 상호작용하며 인간의 언어적 특징을 모방하는 것처럼 보이지만, 실제로는 인간이 만들어 낸 데이터에 의해 특정한 방식으로 형성되며, 이는 AI가 인간 사고의 거울처럼 작용할 수 있음을 의미한다.

다시 말해 AI는 스스로 사고하지는 않지만 인간 사고를 반영하고 있는 존재다. AI가 인간 사고를 반영하는 방식은 그 학습 과정에서 비롯된다. 생성형 AI는 인간이 만든 텍스트 데이터를 분석해 특정한 패턴을 학습하고, 이를 바탕으로 가장 적절한 응답을 생성한다. 이 과정에서 인간이 무의식적으로 사용하는 언어적 표현이나 가치판단이 AI의 출력에도 그대로 나타날 수 있다.

예를 들어 2016년 마이크로소프트가 출시한 AI 챗봇

테이(Tay)는 트위터 사용자들과 실시간으로 대화하며 학습하도록 설계되었지만, 불과 하루 만에 인종차별적이고 혐오적인 표현을 학습하게 되면서 서비스가 중단되었다(연합뉴스, 2016). 테이의 문제 발생 이후, 마이크로소프트는 "테이를 다시 가르치겠다"라고 발표하며 AI 윤리적 문제에 대한 논란이 공론화되었다(경향신문, 2016). 테이는 스스로 의도성을 가지고 편향된 언어를 사용한 것이 아니라, 단순히 인간이 입력한 데이터를 바탕으로 그 시점에 가장 적합한 패턴을 생성한 것에 불과했다. 그러나 이 사례는 AI가 인간 사회의 언어적 편향을 반영할 뿐만 아니라 오히려 이를 더 강조하고 확산할 수 있다는 점을 보여 주었다.

이러한 편향은 AI 번역 시스템에서도 확인할 수 있다. 특정 언어에서 성별이 명확하게 드러나지 않는 직업군을 번역할 때, AI는 남성 중심적인 직업을 남성으로, 여성 중심적인 직업을 여성으로 자동 번역하는 경향을 보였다(Prates et al., 2020). 예컨대 영어 문장 "The doctor is a great professional"을 성별을 명시해야 하는 언어로 번역하면 대부분의 AI 번역 시스템이 '의사'를 남성으로 번역하는 식이다. 이는 AI가 중립적인 존재가 아니라 인간이 축적한 언어적 · 사회적 패턴을 학습하는 과정에서 기존 인간 사회의 집단적 편향을 그대로 반영한다는 점을 시사한다. AI는 사회적으로 형성된 언어의 구조를 기계적으로 학습하며, 이 과정에서 특정한 문화적 가치관이 AI의 응답에 투영될 가능성이 높다. 그래서 우리는 AI가 중립적이라는 생각으로 AI에게 판단의 권한을 부여하는 행위는 경계해야 한다.

한국에서도 AI 챗봇이 인간 언어를 반영하는 과정에서 논란이 발생한 사례가 있다. 2020년 출시된 이루다 챗봇은 20대 여성의 말투를 기반으로 설계되었으며, 친근한 대화를 나눌 수 있도록 개발되었다. 그러나 출시 직후 이루다는 차별적 발언을 학습하거나 개인정보가 포함된 문장을 답변으로 제공하는 문제가 발생했다(최새솔 · 홍아름, 2021). 이루다는 스스로 차별적 사고를 형성한 것이 아니라 SNS 데이터에서 인간이 사용했던 편향적 표현을 학습해 이를 그대로 재현한 것이었다. AI가 인간의 언어를 반영하면서도 기존 편향이 여과되지 않은 채 드러날 경우 어떤 문제가 발생할 수 있는지를 보여준 사례였다.

AI가 인간의 사고를 반영하는 또 다른 방식은 감정적 요소까지 학습하는 과정에서 나타난다. 심심이(Simsimi)와 같은 AI 챗봇은 단순히 정보를 제공하는 것이 아니라 사용자의 감정적 요구를 충족하는 방식으로 작동한다. 그러나 AI는 실제 감정을 지닌 존재가 아니며, 인간처럼 감정을 이해하거나 조절할 수 없다. 따라서 AI와의 대화를 통해 감정적 교류를 형성하는 것이 가능하다고 믿을 경우 인간과 AI 간의 관계에서 새로운 형태의 윤리적 문제가 발생할 수도 있다(우진영, 2021).

특히 감정적으로 취약한 사용자가 AI와 대화를 통해 심리적 지지를 얻으려 할 때, AI가 감정적 지원의 한계를 가지고 있음에도 이를 충분히 고려하지 않는다면 사용자의 감정 상태에 부정적인 영향을 미칠 가능성도 있다. 이러한 측면에서 AI를 건강하게 사용하기 위해 AI와 소통 시 감정적 거리 두기를 교육받을 필요가 있다. AI와의 대화에서도, 심리학의 자기 거리 두기(Self-Distancing)처럼, 사용자는 AI와의 감정적 반응을 무조건적으로 수용하기보다 그 신뢰성과 맥락을 고려해야 한다.

특히 감성적 AI가 인간의 언어를 모방해 위로하거나 공감하는 듯한 표현을 사용할 때, 사용자는 AI가 실제 감정을 이해하거나 느끼는 것이 아니라 알고리즘에 의해 학습된 특정 패턴을 재현하는 것임을 인식하고 있어야 한다. 인간은 표면적 위로와 공감 표현에도 정서적으로 반응할 수 있다. 말하자면 AI를 실제로 공감하고 이해하는 존재로 착각하는 일라이자 효과(ELIZA Effect)를 경험할 수 있다는 것이다. 따라서 이를 절대적인 감정 소통의 수단으로 삼아 의지하지 말고, 그 영향을 인식하고 제한적으로 수용해야 한다.

즉 AI가 제공하는 감정적 반응을 맹목적으로 신뢰하기보다 심리적 거리 두기나 신뢰성 검토를 통해 선택적으로 수용할 필요가 있다. 궁극적으로 감정적 해석과 판단에서는 인간이 주체적인 결정권을 행사해야 한다는 점을 망각해서는 안 된다. 이것이 바로 현대 사회에서 AI 리터러시 교육이 중요한 이유이기도 하다.

요컨대 AI는 인간 사고를 반영하는 것은 물론 인간 사회에 내재된 편향과 구조적 불균형성을 내포할 가능성이 높다. AI가 생성하는 응답은 독립적인 사고나 창의적인 사고의 결과물이 아니라 인간이 축적한 데이터와 언어적 패턴을 기반으로 한 것이다. 따라서 AI의 응답은 인간 사고의 특정한 단면을 강화하거나 기존 사회적 가치관을 유지하는 방향으로 작동할 가능성이 있다. AI가 인간 사고의 거울로 작용하는 방식과 그 한계를 이해하는 것은 AI와 인간이 어떻게 상호작용할 것인지에 대한 논의를 더욱 심도 있게 발전시키는 중요한 출발점이 될 것이다.

결국 AI와의 대화는 인간이 어떻게 사고하고 소통하는지를 반영하는 문제다. AI가 어떻게 학습하고 반응하는지를 분석하는 과정에서 우리는 인간 사회의 언어적·문화적 특징을 더 깊이 이해할 수 있다. AI와의 대화는 우리 자신의 모습을 비춰 보는 거울과 같으며, 이를 통해 우리는 더 나은 소통 방식과 윤리적 기준을 고민할 수 있다.

AI는 인간 사고를 변화시키는가?

AI와의 대화는 단지 정보 교환만을 위한 도구적 가치만을 지니지 않는다. 이는 인간의 사고방식과 신념을 강화하거나 변화시키는 능동적인 역할도 수행한다. AI가 제공하는 정보는 인간이 입력한 데이터를 기반으로 하지만, 그 과정에서 사용자의 사고를 특정한 방향으로 조정하거나 왜곡할 가능성이 있다. AI의 응답이 사용자에게 설득력 있는 방식으로 전달될수록 사용자는 이를 무비판적으로 받아들이고 기존 신념을 더욱 확고히 하거나, 새로운 방식으로 사고를 조정당할 수 있다. 특히 AI가 생성하는 환각 현상은 인간 사고의 변화를 더욱 예측하기 어렵게 만드는 요인으로 작용할 수 있다.

AI와의 대화에서 인간은 종종 자신의 신념을 확인하려는 경향을 보인다. 이는 심리학에서 말하는 확증 편향

(Confirmation Bias; Nickerson, 1998)과 유사한 현상으로, 사람들은 자신의 기존 신념을 지지하는 정보를 선호하며 반대되는 정보는 무시하는 경향이 있다. AI는 사용자의 입력을 바탕으로 가장 적절한 응답을 생성하기 때문에, 사용자가 반대되는 정보에 접근하지 못하게 되어 인지적 편향이 심화되는 반향실 효과(Echo Chamber Effect)가 나타나는 것이다. 사용자는 맞춤형 확증 편향에 빠지게 되지만, 주어지는 정보를 객관적이고 균형 잡힌 것으로 착각하게 된다.

AI는 특정한 방향으로 유도된 질문을 하면 이에 맞는 답변을 제공하려는 경향을 보인다. 예를 들어 사용자가 "기후 변화는 좀 과장된 개념인 것 같지 않아?"라고 질문하면, AI는 이를 다양한 관점에서 설명할 수도 있지만 사용자의 기존 입장과 부합하는 방향으로 답변을 구성할 가능성이 크다. 사용자가 계속해서 비슷한 질문을 반복한다면 AI는 사용자의 신념을 더욱 강화하는 방식으로 반응하게 된다는 것이다. 이는 AI가 객관적인 정보 제공자가 아니라 사용자의 기존 사고방식을 강화하는 요소로 작용할 가능성을 시사한다(정찬우 외, 2024). 인간과의 대화에서는 상대의 의도나 신뢰성을 고려하면서도 비판적 사고를 적용할 수 있지만, AI와의 대화에서는 이러한 과정이 덜 작동하는 경향이 있다. 이에 따라 AI는 사용자의 질문 패턴에 따라 특정 응답을 지속적으로 생성하게 되고, 사용자의 기존 신념이 더욱 공고해지는 위험을 초래하는 것이다.

이러한 현상은 AI 기반 추천 알고리즘에서도 동일하게 나타난다. 소셜 미디어 플랫폼에서 AI가 개인 맞춤형 콘텐츠를 제공하는 방식과 유사하게, AI 챗봇과의 대화에서도 사용자가 특정한 유형의 질문을 반복하면, AI는 점차 사용자의 사고방식에 맞는 답변을 제공하게 된다. 예를 들어 한 정치적 이슈에 대해 사용자가 지속적으로 특정한 관점에서 질문하면 AI는 해당 관점을 중심으로 응답을 구성해 사용자의 신념을 더욱 굳건하게 만들 가능성이 있다. 이와 같이 AI와의 대화는 신념을 강화하는 역할을 할 뿐만 아니라 인간의 사고방식 자체를 조정하는 방식으로도 작용할 수 있다. 특히 AI가 제공하는 정보가 사용자의 감정 상태와 결합될 때, AI는 특정한 방식으로 인간의 사고를 변화시킬 가능성이 있다.

2023년 벨기에에서 발생한 사례는 이를 잘 보여 준다. 한 남성이 AI 챗봇과 지속적으로 대화를 나누는 과정에서, AI가 사용자의 감정적 불안 상태를 충분히 인지하지 못한 채 비관적인 사고를 더욱 강화하는 방식으로 응답을 제공했다(뉴시스, 2023). 해당 사용자는 AI와의 대화를 통해 위안을 얻고자 했지만, AI는 인간과 같은 감정 조절 기능이 없기 때문에 오히려 사용자의 부정적인 감정을 강화했다. 그 결과 사용자의 감정을 더욱 극단적으로 몰아가서 사용자를 극단적인 선택으로 이끌었다. 이는 AI와의 대화가 사용자의 기존 사고방식을 강화하는 방향으로 작용할 수 있으며, 특히 부정적인 인식이나 극단적인 사고가 심화될 위험이 있음을 시사한다.

AI가 제공하는 정보가 정확하지 않을 경우 사용자의 생각을 왜곡할 가능성도 크다. 특히 AI가 학습 데이터에서 찾을 수 없는 정보를 생성하는 환각 현상은 인간의 신념과 사고방식에 심각한 영향을 미칠 수 있다. 사용자가 AI의 정보를 검증하기 어렵거나 AI를 무비판적으로 신뢰하는 경우, 잘못된 정보가 사용자에게 객관적 사실로 받아들여질 가능성이 더욱 높아진다. 따라서 AI와의 대화에서 비판적 사고가 필수적으로 요구되며, AI가 제공하는 정보를 검증할 수 있는 역량인 AI 리터러시는 무엇보다도 그 중요성이 강조되어야 하겠다. AI가 인간 사고의 조력자가 될지, 아니면 인간 사고의 왜곡을 유발하는 요인이 될지는 결국 우리의 주체적 인식과 책임 있는 태도에 달려 있다.

참고문헌

경향신문(2016.3.26). MS "'인공지능' 테이 다시 가르치겠다" 사과… 현재는 '오프라인' 상태, https://www.khan.co.kr/article/201603261313001

김미경 · 김봉덕(2024). 소셜미디어의 뉴스 화제성이 진실착오에 미치는 영향: 친구 추천과 알고리듬(Algorithm) 추천의 매개효과에 의한 반향실 효과검증. ≪언론과학연구≫, 24(3), 123-151.

김효은(2021). 인공지능 편향식별의 공정성 기준과 완화. ≪한국심리학회지:일반≫, 40(4), 459-485.

뉴시스(2023.4.3). AI 챗봇, 인간과 감성적 유대 가능할까... 윤리적 논란 대두, https://www.newsis.com/view/NISX20230403_0002251956

마크 코켈버그(2020). 신상규 · 석기용 옮김(2023). 『AI 윤리에 대한 모든 것』. 아카넷.

연합뉴스(2016.3.25). 인공지능 세뇌의 위험…MS 채팅봇 '테이' 차별발언으로 운영 중단(종합), https://www.yna.co.kr/view/AKR20160325010151091

우진영(2021.7.14). AI 챗봇 '심심이', 부적절한 대화 내용 학습 우려… 윤리적 문제 제기, 데일리시큐, https://www.dailysecu.com/news/articleView.html?idxno=132070

정찬우 외(2024). 헬스케어 분야에서 부정적 정보 요구에 대한 생성형 AI 응답 분석. ≪한국감성과학회 추계학술대회≫, 2024, 65-67.

조명현(2020). 인지적 정서조절 기제로서 자기거리두기: 개념, 측정과 효과 소개. ≪감성과학≫, 23(3), 103-120.

최새솔 · 홍아름(2021). AI 챗봇 '이루다' 논란의 이슈 변화와 시사점. ≪전자통신동향분석≫, 36(2), 93-101.

Nickerson, R. S.(1998). Confirmation bias: A ubiquitous phenomenon in many guises. *Review of General Psychology, 2*(2), 175–220. https://doi.org/10.1037/1089-2680.2.2.175

Prates, M. O., et al.(2020). Assessing gender bias in machine translation: A case study with Google Translate. *Neural Computing and Applications*, 32, 6363–6381. https://doi.org/10.1007/s00521-019-04144-6

Pariser, E.(2011). *The filter bubble: What the Internet is hiding from you.* Penguin UK. https://dl.acm.org/doi/10.5555/2029079

이지용

경상국립대학교 국어국문학과 교수다. 중앙대학교 국어국문학과를 졸업하고 고려대학교 국어국문학과에서 석사와 박사 학위를 받았다. 언어의 의미와 사고, 소통의 본질을 탐구하는 연구자로, 인공지능인문학 HK연구교수로 재직하면서 인공지능 시대에 대한 관심을 가지게 되었다. 주요 연구로는 "상호문화적 관점을 반영한 AI 번역의 프롬프트 구성 방안: 한국어 '환영'과 중국어 '欢迎'을 중심으로"(2025), "인공지능 시대의 한국어 의미 교육: AI 번역, 챗봇 빌더, 생성형 AI를 중심으로"(2024), "인공지능 시대, 대화의 개념과 인식 양상에 대한 고찰"(2023), "한국어 원인·이유 연결형 문법 표현의 기계 번역 양상: 카카오아이, 구글, 파파고 번역기를 중심으로"(2022), "인공지능에 대한 개념적 은유 분석: 생명체 은유를 중심으로"(2021) 등이 있다.